O que é • • •
Espiritismo

Outras obras publicadas pela NOVA ERA:

Além do corpo e do tempo
Leonardo Mendes Cardoso

Chamamentos diários
Ângela Coutinho

Colônia Florescer
Ângela Coutinho

Comunicação com os espíritos
Linda Georgian

Guia de canalização espiritual
Lily Andrews

O que é budismo
Thubten Chodron

O que é meditação
Sandra Rosenfeld

O que é astrologia chinesa
Damian Sharp

Reencarnação coletiva
Arthur Guirdham

Sonhos, a primeira mediunidade
Márcio de Carvalho

SERGIO ALEIXO

O que é Espiritismo

NOVA ERA

Rio de Janeiro
2003

CIP-Brasil. Catalogação-na-fonte
Sindicato Nacional dos Editores de Livros, RJ.

Aleixo, Sergio Fernandes, 1970-
A348o O que é espiritismo / Sergio Aleixo. – Rio de Janeiro: Record: Nova Era, 2003.

Inclui bibliografia
ISBN 85-01-06475-0

1. Espiritismo. I. Título.

CDD – 133.9
03-1040 CDU – 133.9

Vinheta de miolo: Thais de Linhares

A editora agradece a gentil colaboração de Alexandre Rocha e Henrique Ramos, por nos indicar o nome de Sergio Aleixo para escrever esta obra, e também a Nancy Leitão da Costa, pela leitura dos originais e sugestões relevantes.

Direitos exclusivos desta edição reservados pela
DISTRIBUIDORA RECORD DE SERVIÇOS DE IMPRENSA S.A.
Rua Argentina 171 – Rio de Janeiro, RJ – 20921-380 – Tel.: 2585-2000

Impresso no Brasil

ISBN 85-01-06475-0

PEDIDOS PELO REEMBOLSO POSTAL
Caixa Postal 23.052
Rio de Janeiro, RJ – 20922-970

Quem quer que haja meditado sobre o espiritismo e suas conseqüências e não o circunscreva à produção de alguns fenômenos terá compreendido que ele abre à humanidade uma estrada nova e lhe desvenda os horizontes do infinito.

ALLAN KARDEC
(*A gênese*, XVIII:15)

O espiritismo é uma doutrina do futuro. À maneira do cristianismo, abre caminho no mundo, enfrentando a incompreensão de adeptos e não-adeptos.

J. HERCULANO PIRES
(*O espírito e o tempo: Introdução antropológica ao espiritismo*. Preliminares.)

Sumário

Prefácio

Sendo o espiritismo uma doutrina que sofre os mais variados mal-entendidos, é um alívio vê-lo tão bem esmiuçado e repensado pela escrita brilhante e precisa de Sergio Aleixo. Já na introdução, o autor diz a que veio e, sem delongas e digressões, cumpre com firmeza o seu intuito. Desfaz ponto a ponto todas as confusões que se formam, por ignorância, preconceito ou má-fé, em torno de uma doutrina que, por si só, não tem ambigüidades. Aliás, a linguagem escorreita e a postura didática e clara de Aleixo estão inspiradas na fonte mais autorizada no assunto, Allan Kardec, o próprio criador da palavra *espírita* — embora não o criador da doutrina, como Aleixo deixa claro.

Apenas para situar rapidamente o leitor no centro das diversas polêmicas em torno do tema, temos de considerar que os primeiros a promoverem os mal-entendidos são os próprios espíritas. Examinemos os fatos. Embora nascido na França, no século XIX, herdeiro de uma cultura milenar, o espiritismo quase chegou a morrer na Europa depois da tragédia da Segunda Guerra Mundial. No Brasil, ele ganhou profundas raízes e conquistou numerosos adeptos.

Atualmente, há um renascimento do movimento espírita na Europa e nos Estados Unidos e, em grande parte, isso se deve a uma influência exportada pelo Brasil. Dos mais de duzentos centros espíritas existentes no exterior pelo menos metade deles foi fundada ou é mantida e dirigida por espíritas brasileiros radicados no estrangeiro. Essa identificação de uma grande parcela da população brasileira com o espiritismo (o número de espíritas é incerto, porque muitos não se declaram adeptos da doutrina no momento do censo) trouxe vantagens e desvantagens para o movimento.

A vantagem é que o espiritismo, hoje, representa um dos traços culturais do nosso país, estudado por antropólogos e sociólogos estrangeiros e brasileiros. Desde a época de Roger Bastide, um dos fundadores da Universidade de São Paulo (USP) e iniciadores dos estudos sociológicos no Brasil, o espiritismo vem sendo considerado algo determinante na vida nacional. No presente, isso dá aos espíritas a representatividade social necessária para que possam abrir caminhos ao pensamento espírita no mundo acadêmico. Em *História da filosofia no Brasil*, por exemplo, Jorge Jaime afirma que "a história da filosofia brasileira já possui o filósofo do espiritismo, e esse foi, indiscutivelmente, José Herculano Pires",* tão merecida e fartamente citado neste livro. Monografias, dissertações de mestrado e teses de doutorado começam a ganhar espaços nas universidades, focalizando diferentes aspectos doutrinários.

Configura-se, desse modo, uma situação inédita até agora, mas prevista e anunciada por Kardec: o espiritismo deve dar a sua con-

*Petrópolis, São Paulo, Vozes e Faculdades Salesianas, 2000, p. 144.

tribuição à cultura contemporânea, trazendo a alternativa do paradigma do espírito em oposição às doutrinas materialistas e niilistas que têm servido de pano de fundo ao desenvolvimento do conhecimento desde o último século. E isso, o Brasil espírita começa a fazer.

Por outro lado, ao se enraizar no solo da cultura nacional, o movimento espírita não poderia deixar de absorver alguns componentes locais, que não se afeiçoam muito às heranças kardecianas. Como bem enfatiza e explica Sergio Aleixo, o espiritismo é uma doutrina tríplice constituída de ciência empírica, reflexão filosófica e religião natural, num resgate do cristianismo do Cristo. Mas, no Brasil, não temos tradição científica e muito menos filosófica. Basta lembrar que quase todos os países da América (do Norte, Central e do Sul) tiveram universidades séculos antes de nós, que só viemos a conhecer esta instituição na década de 1930. Ora, é justamente na universidade que a ciência e a filosofia desabrocham com mais vigor.

Temos, no entanto, um povo bastante místico, profundamente religioso e uma tradição católica arraigada em todos os setores da nossa cultura. Os jesuítas são os pais da pátria.

Tudo isso gerou um movimento espírita predominantemente religioso, divorciado muitas vezes da racionalidade kardeciana e impregnado de traços institucionais autoritários. O resultado — e o leitor leigo no assunto terá notado esse fato — são centros espíritas que assumem hierarquias, iniciações, rituais, que nada têm a ver com a simplicidade informal da proposta espírita; são personalidades mediúnicas cultuadas com mitificações nada condizentes com a naturalidade com que Kardec encarava a mediunidade; são centenas de obras (na maioria pretensamente mediúnicas) que beiram as místicas vagas e vazias do mercado editorial pós-moderno e podem tranqüilamente figurar ao lado de livros de auto-ajuda e de uma parte mais descomprometida e comercial da literatura *new age*.

Ou seja, aquilo que foi um movimento de intelectuais europeus, contando com a seriedade e o bom senso de um gênio como Kardec e, posteriormente, com pesquisas de grandes cientistas, aparece não poucas vezes aos nossos olhos como uma nova seita, com os mesmos problemas das religiões tradicionais ou com ares de novidade espiritualista pós-moderna.

Entretanto, nem tudo está perdido. Surge uma nova geração espírita, de que o autor faz parte, e na qual também modestamente me incluo, que tenta alcançar o verdadeiro significado cultural e espiritual que o espiritismo tem para a evolução da humanidade. É muito bom, por isso, que o leitor de primeira viagem leia um livro como este.

Mas os problemas não param aí. Não são só os espíritas que criam mal-entendidos; o preconceito e os interesses feridos também têm a sua parte na questão. Em primeiro lugar, pode-se citar o desprezo da área científica quando o espiritismo se afirma como uma ciência de bases empíricas. Segundo bem observa Thomas Kuhn, em sua obra *Estrutura das revoluções científicas**, todo novo paradigma, para se impor como modelo de visão de mundo, encontra resistências entre os representantes do antigo paradigma. Ora, o espiritismo, tomando o espírito como objeto de pesquisa empírica, com

*São Paulo, Perspectiva, 2000.

métodos próprios, está na verdade propondo uma nova forma de ciência. Mas essa ciência ainda se encontra na marginalidade da chamada "ciência oficial", apesar de haver hoje muitos cientistas não-espíritas que propõem visões e procedimentos semelhantes aos indicados por Kardec, como o próprio Patrick Drouot, físico francês várias vezes citado por Aleixo.

No campo filosófico, o espiritismo também é vítima de um preconceito academicista. Há muitos que consideram a linguagem de Kardec excessivamente simples para se enquadrar nos complexos sistemas de especulação filosófica, na maioria inacessíveis ao homem comum. É que Kardec era antes de tudo um pedagogo e sua obra filosófica, científica e religiosa é sempre didática. O conhecimento fecha-se muitas vezes em intricados processos herméticos, que na verdade são formas de dominação dos grupos especializados num determinado saber. Já Comenius, antecessor de Kardec, pedagogo brilhante do século XVII, achava que todo conhecimento deveria ser acessível a todos os homens. Era exatamente isso que Kardec pretendia.

E, no campo religioso, a problemática não se mostra menos complexa. Primeiro, há a questão: é o espiritismo uma religião? (Vê-se que, por incrível que pareça, essa é uma doutrina que se pretende tríplice, mas os cientistas não a aceitam como ciência, os filósofos não a vêem como filosofia e os religiosos não a reconhecem como religião! É justo perguntar então o que é o espiritismo. Um nada? Uma virtualidade?)

É que, propondo uma nova forma de pesquisar o espírito, de refletir sobre os problemas essenciais da existência e de praticar

um religare a Deus, é natural que haja incompreensões e perplexidades.

Trata-se, sim, de uma religião; não no sentido tradicional do termo, com hierarquias, rituais e dogmas, mas um conceito e uma prática que já vinham sendo desenvolvidos por Rousseau e Pestalozzi, este mestre de Kardec e discípulo de Rousseau: a religião natural, universal, da consciência humana, da ligação direta do homem com Deus, da moralidade praticada sem necessidade de imposições externas e controles institucionais.

E, se estamos no campo religioso, outra resistência por parte dos cristãos (católicos, protestantes, ortodoxos) é a de não aceitar o espiritismo como cristão, porque não adota alguns dogmas que as igrejas consideram basilares do cristianismo, entre eles, a Santíssima Trindade, as doutrinas do pecado original e da graça e o reconhecimento de Jesus como o Salvador que veio resgatar com seu sangue a queda de Adão. Evolucionista, reencarnacionista e entendendo Jesus como um espírito perfeito, não como o próprio Deus, o espiritismo parece uma negação de tudo o que os cristãos acreditam...

Acontece, e isso merece um estudo mais aprofundado, que essas doutrinas consideradas nucleares do cristianismo estavam, a princípio, longe de ser aceitas unanimemente pelos cristãos. A partir do século IV, com a adesão de Constantino ao cristianismo é que se fixa, a ferro e fogo, aquilo que hoje é a ortodoxia cristã. Jesus não era considerado Deus por todos os cristãos. Os arianos achavam que ele era um filho de Deus, modelo de perfeição, mas submisso à divindade. Nem todos admitiam a doutrina da graça e da salvação. Orígenes estava muito mais próximo de um evolucionismo à moda espírita, acreditando na preexistência da alma e na redenção final de todas as criaturas, mesmo daquelas chamadas demoníacas, e na vida como processo educacional.

Poderíamos escrever um tratado — e há diversos estudos contemporâneos a respeito — sobre as mais diversas posições que havia entre os cristãos dos três primeiros séculos, que discutiam entre si, mas tinham liberdade de pensamento.

A partir da fusão do Império Romano com a Igreja, esta arrogou a si o monopólio de um único tipo de cristianismo e passou a perseguir ferozmente quem a ele se opusesse. Durante dois mil anos, a Igreja, pois, empenhou-se em apagar, sufocar, extinguir tudo o que considerasse herético, discrepante de sua ortodoxia. As fogueiras, torturas e perseguições foram fartamente usadas. É, por isso, bastante incômodo ver renascer numa só doutrina várias das heresias extintas, agora numa roupagem racional e apoiada em pesquisas empíricas. Para o cristão comum, portanto, uma das maneiras de "desautorizar" o espiritismo é tachá-lo de não-cristão.

Felizmente Sergio Aleixo sabe desdobrar todas essas questões com maestria e agudeza, de modo que o leitor não-espírita e também o espírita sairão mais esclarecidos de uma leitura atenta deste livro.

Obviamente, o texto está embebido de forte convicção e eloqüência, deixando claro que o autor acredita que o espiritismo é uma alternativa luminosa para os caminhos humanos. Sem fanatismo e sem proselitismo, é bom que possamos proclamar uma fé e uma esperança, com coerência e entusiasmo, num mundo em que o niilismo mata qualquer engajamento e neutraliza qualquer convicção de verdade.

Também eu partilho do mesmo elã e digo que o verdadeiro espírita é o que respeita todas as crenças, prega a tolerância e a fraternidade entre todos, mas se sabe no direito e no dever de anunciar as verdades de que está convencido para oferecê-las ao mundo como uma possibilidade de evolução.

Bragança Paulista, fevereiro de 2002

DORA INCONTRI

Jornalista e escritora. Mestre e doutora em História e Filosofia da Educação pela USP.

Introdução

O pedagogo Hippolyte Léon Denizard Rivail, conhecido por Allan Kardec (Lyon, 3.10.1804 — Paris, 31.3.1869), codificador da doutrina espírita, foi discípulo do célebre educador suíço Johann Heinrich Pestalozzi [1746-1827]. Em meados do século XIX, já empenhado num trabalho tão gigantesco quanto solitário, registrou o seguinte no preâmbulo de seu pequeno livro *O que é o espiritismo*:

> As pessoas que só têm conhecimento superficial do espiritismo são, naturalmente, inclinadas a formular certas questões, cuja solução podiam, sem dúvida, encontrar em um estudo mais aprofundado dele; porém, o tempo e, muitas vezes, a vontade lhes faltam para se entregarem a observações seguidas. Antes de empreenderem essa tarefa, muitos desejam saber, pelo menos, do que se trata e se vale a pena ocupar-se com tal coisa. Por isso, achamos útil apresentar resumidamente as respostas a algumas das principais perguntas que nos são diariamente dirigidas; isto será, para o leitor, uma primeira iniciação (...).

Vê-se que o motivo central desta nossa obra não representa exatamente uma novidade. Kardec procedeu, no seu trabalho de propaganda doutrinária, a uma publicação de objetivo semelhante. Assim, caso haja interesse pelo que a desinformação de uns e a acomodação de outros apelidou "kardecismo" ou "espiritismo kardecista", não deve o leitor ignorar o conteúdo de *O que é o espiritismo*, em que o mestre lionês afirma, modesta mas gravemente:

> Há entre o espiritismo e outros sistemas filosóficos esta diferença capital; que estes são todos obra de homens, mais ou menos esclarecidos, ao passo que, naquele que me atribuís, eu não tenho o mérito da invenção de um só princípio.
>
> Diz-se: a filosofia de Platão, de Descartes, de Leibnitz; nunca se poderá dizer: a doutrina de Allan Kardec; e isto, felizmente, pois que valor pode ter um nome em assunto de tamanha gravidade?
>
> O espiritismo tem auxiliares de maior preponderância, ao lado dos quais somos simples átomos.[1]

O livro dos espíritos (1857), *O livro dos médiuns* (1861), *O evangelho segundo o espiritismo* (1864), *O céu e o inferno* (1865) e *A gênese, os milagres e as predições segundo o espiritismo* (1868) constituem a Codificação Espírita propriamente dita. Entretanto, *O que é o espiritismo* (1859) foi recomendado por Kardec a todo iniciante, por conter, segundo suas palavras,

> (...) sumária exposição dos princípios da doutrina espírita, um apanhado geral desta, permitindo ao leitor apreender-lhe o conjunto dentro de um quadro restrito. Em poucas palavras ele lhe percebe o objetivo e pode julgar do seu alcance. Aí se encontram, além disso, respostas às principais questões ou objeções que os novatos se sentem naturalmente propensos a fazer. Esta primeira leitura, que muito pouco tempo consome, é uma introdução que facilita um estudo mais aprofundado.[2]

Perguntará, então, o leitor: Por que mais um livro para iniciantes no espiritismo?... Responderíamos que quanto mais títulos, mais oportunidades de estudo. Por outro lado, nosso esforço encontra respaldo na reflexão do maior teórico do pensamento espírita contemporâneo, professor J. Herculano Pires [1914-1979]. Jornalista, escritor e filósofo pela Universidade de São Paulo (USP), ele afirmou que "a introdução a qualquer ramo do conhecimento exige *sempre* novas perspectivas, de acordo com o fluir do tempo". Reportando-se ao pensamento do filósofo espanhol Julián Marías [1914-], asseverou que "a introdução é o agora, o circunstancial, o ato de introduzir alguém em alguma coisa. Essa alguma coisa é uma realidade histórica". E completou em termos que vale reproduzir:

> No tempo de Kardec, introduzir alguém no estudo do espiritismo era introduzi-lo numa realidade nascente, numa verdadeira problemática em ebulição, num processo histórico em princípio de definição, e principalmente numa nova ordem de idéias. Hoje, é introduzir esse alguém num processo já definido, e não apenas numa

> ordem de idéias, mas também no quadro histórico em que essa ordem surgiu. Dessa maneira, é introduzi-lo também na própria introdução de Kardec.[3]

Então, se o motivo desta nossa obra não representa exatamente uma novidade, não há dúvidas de que corresponde, no mínimo, a uma exigência contínua, a uma necessidade permanente de outras visões, sempre reclamadas pelo fluir da História.

Faltam-nos ainda hoje, como lembrou Kardec em sua época, o tempo e muitas vezes a vontade para nos entregarmos a estudos perseverantes. Nessa que pode ter sido uma crítica singela ao utilitarismo voraz de nossa civilização, o codificador do espiritismo levou-nos talvez ao melhor do pensamento de René Descartes [1596-1650]. Algo injustiçado em nossos dias, esse insigne filósofo francês considerou o preconceito e a precipitação os grandes vícios da espécie humana. Obstáculos à descoberta da verdade, eles prejudicam o juízo reto e promovem nossas maiores limitações. E se dizemos que Descartes é algo injustiçado em nossos dias, fazemo-lo em uníssono com seu compatriota, o físico Patrick Drouot:

> Façamos justiça a Descartes: não é o seu pensamento que deve ser posto em xeque, mas o que fizeram dele as gerações posteriores. Descartes, de certa maneira, nunca foi cartesiano. Apesar disso, sua visão pouco a pouco levou a um conceito racional desenfreado. Ele privilegiou a noção de Ter à custa da do Ser. (...). De tanto favorecer o corpo, pouco a pouco nos esquecemos de que tínhamos um espírito. De fato, não temos um espírito: *Somos* espírito. Esse con-

> ceito está sendo verificado pela ciência holística, em prejuízo da ciência mecanicista, que só pode ter uma visão fragmentária da realidade.[4]

Nenhum sistema racional de pensamento sofreu tanto por causa do reducionismo quanto a doutrina espírita. Herculano Pires, dotado da razão crítica própria dos filósofos mais austeros, chegou por isso a dizer que "nada é mais desconhecido em nosso mundo" do que o espiritismo,[5] não deixando de responsabilizar mesmo os espíritas. "O espiritismo" — disse ele — "nascido ontem, nos meados do século XIX, é hoje o grande desconhecido dos que o aprovam e o louvam e dos que o atacam e criticam."[6] E acrescentou:

> Fala-se muito em espiritismo, mas quase nada se sabe a seu respeito. Kardec afirma que a força do espiritismo não está nos fenômenos, como geralmente se pensa, mas na sua filosofia, o que vale dizer na sua mundividência, na sua concepção da realidade. Mas de onde vem essa concepção? Como foi elaborada?
>
> Os adversários do espiritismo desconhecem tudo a respeito e fazem tremenda confusão. Os próprios espíritas, por sua vez, na sua esmagadora maioria, estão na mesma situação. Por quê? É fácil explicar. Os adversários partem do preconceito e agem por precipitação. Os espíritas, em geral, fazem o mesmo: formularam uma idéia pessoal da doutrina, um estereótipo mental a que se apegaram. A maioria, dos dois lados, se esquece desta coisa importante: o espiritismo é uma doutrina que existe nos livros e precisa ser estudada.[7]

Falta-nos muito para estarmos à altura dessa responsabilidade, mas nos dirigimos aqui aos não-adeptos, aos simpatizantes e aos iniciantes. Não escondemos, todavia, o desejo de que esta publicação auxilie também alguns freqüentadores, médiuns, expositores e dirigentes de associações espíritas. Consideram-se bastante experientes e informados, mas muito longe estão, às vezes, de compreender os fundamentos, que se dirá os alcances do espiritismo.

Não estranhe o leitor essa nossa postura, assim tão crítica, numa obra de iniciação. À primeira vista, pode parecer descabido e mesmo antipático. Distante, todavia, de um desestímulo, este livro quer ser um incentivo aos que pisarem no terreno deste "agora", deste "circunstancial" daquela que, sem dúvida, é a doutrina do futuro.

O espiritismo necessita sobretudo de quem o compreenda por meio das potências mais profundas da identidade humana. Porém, a fonte inesgotável dessas forças é nossa alma imortal, e a doutrina espírita realizou o feito tão singular de colocá-la a descoberto, sem livrar-nos da responsabilidade que nos cabe no tanto que ainda há nela por descobrir. Que venha, pois, o futuro!

Capítulo Um

O QUE É ESPIRITISMO

Segundo o professor J. Herculano Pires, a doutrina espírita é uma realidade histórica, um corpo doutrinário existente em livros. Então, em primeiro lugar, diremos ao leitor que *o espiritismo é a doutrina codificada por Allan Kardec.* Além de afirmar, porém, que o espiritismo é uma realidade histórica, uma doutrina existente em livros, Herculano assegurou que ela precisa ser estudada. Em segundo lugar, portanto, afirmaremos ao leitor que *o espiritismo é doutrina filosófica de bases científicas e conseqüências morais religiosas.*

Questão Religiosa

Geralmente, quando se ouve falar em doutrina espírita, se pensa tão-só numa religião. Mas, afinal, o que é religião? Registra o Dicionário Aurélio:

> (...) crença na existência de uma força ou forças sobrenaturais, considerada(s) como criadora(s) do Universo, e que como tal deve(m) ser adorada(s) e obedecida(s); (...) A manifestação de tal crença por meio de doutrina e ritual próprios, que envolvem, em geral, preceitos éticos.

A doutrina espírita ensina que há uma força criadora do universo, e que, sim, ela deve ser adorada e obedecida. Admite mesmo a sobrenaturalidade dessa força, na medida em que é transcendente à natureza, da qual é autora. Entretanto, aprofundando a reflexão teológica, o problema de o espiritismo ser ou não considerado religião não está no fato de ele admitir a transcendência da força criadora, e sim na consideração em que tem a imanência dessa força, ou seja, na visão do espiritismo sobre a participação de Deus na vida universal.

Ao contrário da maior parte das religiões tradicionais, a doutrina espírita não vincula a transcendência do Criador a fenômenos que seriam derrogações das leis naturais: os milagres. As leis da natureza representam, em si mesmas, a imanência divina. Assim, a participação de Deus em sua obra nunca demandaria suspensão das leis por ele mesmo estabelecidas, sob pena de contradição.

Em suma, para o espiritismo, Deus é Deus por manter o natural, não por promover o sobrenatural. Segundo Kardec: "Deus prova a sua grandeza e seu poder pela imutabilidade das suas leis e não pela ab-rogação delas."[8] De acordo com esta concepção, afirmou o codificador que "a espiritualidade e a materialidade são duas partes de um mesmo todo, tão natural uma como a outra, não sendo, pois, a primeira uma exceção, uma anomalia na ordem das coisas".[9] E assegurou que "o de que necessitam as religiões não é do sobrenatural, mas do princípio espiritual, que erradamente costumam confundir com o maravilhoso e sem o qual não há religião possível".[10]

Se nos reportarmos àquela segunda definição dicionária, manifestação da crença numa força criadora mediante doutrina que envolve princípios éticos, novamente não teremos problemas em definir o espiritismo como religião. Além, todavia, de uma ética doutrinária, a religião tem ainda rituais... A doutrina espírita, contudo, não prescreve ritos de quaisquer espécies. Simplesmente não existem cerimônias nem sacramentos. Não há sequer sacerdócio. Qualquer pessoa que, estudando-a com perseverança, venha a compreendê-la bem, pode ensiná-la como tal, desde que gratuitamente.

Assim, ainda que diferenciada, não se pode negar que o espiritismo seja uma religião. Entretanto, é indispensável sabermos que a doutrina espírita não nasceu como religião. Ela atingiu essa condição mediante rigoroso processo de construção de conhecimento, fundamentado numa criteriosa pesquisa experimental e trespassado por aguda criticidade filosófica. Estabelecer paralelos ingênuos entre o espiritismo e outras religiões é, portanto, mentir à sua origem e desvirtuar sua finalidade providencial.

Contudo, na perspectiva da cultura religiosa judaico-cristã, a doutrina espírita representa, inegavelmente, a terceira manifestação da vontade divina. Trata-se da seqüência natural do Velho e do Novo Testamento. Ainda assim, não considera as escrituras inquestionávcis. Entende, com São Paulo, que "a letra mata, mas o espírito vivifica".[11]

O espiritismo não tem a pretensão sectária dos prosélitos tipicamente clericais. Ao contrário, diz: "Fora da caridade não há salvação", o que reforça a igualdade diante de Deus e a liberdade de consciência. Desse modo, todos os homens são irmãos, podem estender-se as mãos e orar uns pelos outros, não importando qual seja a maneira segundo a qual creiam em Deus. Entretanto, sob o dogma "Fora da Igreja não há salvação", os homens excluem-se mutuamente, entretêm inimizades e até conflitos armados; mesmo parentes, consideram-se condenados sem remissão. Donde Kardec haver proclamado que esse dogma "é essencialmente contrário aos ensinamentos do Cristo e à lei evangélica", acrescentando com veemência:

> O espiritismo, de acordo com o Evangelho, admitindo a salvação para todos, independente de qualquer crença, contanto que a lei de Deus seja observada, não diz: *Fora do espiritismo não há salvação*; e, como não pretende ensinar ainda toda a verdade, também não diz: *Fora da verdade não há salvação*, pois que esta máxima separaria em lugar de unir e perpetuaria os antagonismos.[12]

Questão Científica

Ao contrário do que se supõe, o espiritismo não tem seu ponto de partida em qualquer tradição antiga. Começou por meio de investigações, de pesquisas experimentais dos fenômenos hoje chamados parapsicológicos. Porém, no entendimento de Kardec, esses fenômenos eram psíquicos e não parapsíquicos ou paranormais, porque regidos por normas, por leis, sendo, portanto, normais. Essas leis eram, para ele, tão naturais quanto as da física clássica, apenas reclamavam um método diferenciado de estudo, adequado ao seu objeto específico: a alma ou espírito, como ocorre, aliás, a tantas ciências não exatas e, nem por isso, menos científicas.

Ante a revolução da nova física, costumamos dizer que é bem mais fácil termos conhecimento positivo da existência dos espíritos — em materializações, por exemplo — que obtermos qualquer certeza quanto ao comportamento e mesmo à realidade de determinadas partículas subatômicas; afinal, segundo a física quântica, os *quarks* "não existem necessariamente. E no entanto existem!".[13]

O fato é que a ciência espírita se estabeleceu a partir de uma crítica ao modelo materialista mecanicista. Essa crítica é hoje reeditada em outros termos, em novos setores do saber elaborado, mas no mesmo sentido: a realidade não é controlável ou, pelo menos, totalmente controlável; há fenômenos que escapam aos métodos da ciência oficializada, sem que, por isso, constituam trapaças ou ilusões.

Bem ousada foi a crítica epistemológica de Kardec ao materialismo mecanicista, ao modelo oficializado de ciência, que só pode ter uma visão fragmentária da realidade. O codificador do espiritismo dizia que, apesar do respeito devido às corporações científicas, a opinião destas nem sempre pode ser considerada irrevogável, sobretudo quando acerca de princípios novos, que escapam a suas óticas ultra-especializadas.

Escritor, poliglota, pedagogo, Kardec era membro da Academia Real das Ciências e da Sociedade das Ciências Naturais de França. Evidentemente que não se insurgia contra os sábios, até porque era contado entre eles, mas criticava o preconceito institucionalizado das academias, cuja tendência era rejeitar tudo o que não pudesse ser dimensionado por seus métodos. Afirmava ele:

> Quando surge um fato novo, que não guarda relação com alguma ciência conhecida, o sábio, para estudá-lo, tem que abstrair da sua ciência e dizer a si mesmo que o que se lhe oferece constitui um estudo novo, impossível de ser feito com idéias preconcebidas. O homem que julga infalível a sua razão está bem perto do erro. (...). O que se chama razão não é muitas vezes senão orgulho disfarçado e quem quer que se considere infalível apresenta-se como igual a Deus. Dirigimo-nos, pois, aos ponderados, que duvidam do que não viram, mas que, julgando do futuro pelo passado, não crêem que o homem haja chegado ao apogeu, nem que a natureza lhe tenha facultado ler a última página do seu livro.[14]

A despeito, contudo, da crítica pioneira de Kardec ao materialismo mecanicista da ciência oficializada, a doutrina espírita, herdeira do mesmo legado filosófico, cultua a racionalidade, a lógica, a pesquisa metódica de fatos. O espiritismo não está entrincheirado em rituais e dogmáticas, domínios do indiscutível, do inexplicável, das especulações sem objeto, por mais que alguns de seus adeptos, sem o compreenderem, assim muitas vezes o queiram.

Uma avaliação correta do posicionamento de Allan Kardec indica seu rompimento com o reducionismo de um modelo materialista mecanicista de ciência, jamais com a finalidade da ciência em si, que é o conhecimento exato da realidade. O codificador, aliás, nunca deixou de insistir na cientificidade do espiritismo. Kardec fixou a base científica da doutrina espírita como dimensão primeira da aliança da ciência e da religião, pulverizando a dicotomia entre razão e fé.

> Esse traço de união [entre a ciência e a religião] está no conhecimento das leis que regem o universo espiritual e suas relações com o mundo corpóreo, leis tão imutáveis quanto as que regem o movimento dos astros e a existência dos seres. Uma vez comprovadas pela experiência essas relações, nova luz se fez: a fé dirigiu-se à razão; esta nada encontrou de ilógico na fé: vencido foi o materialismo. Mas, nisso, como em tudo, há pessoas que ficam atrás, até serem arrastadas pelo movimento geral, que as esmaga, se tentam resistir-lhe, em vez de o acompanharem.[15]

Questão Filosófica

O drama de Kardec foi o de um gênio, à frente, muito à frente de seu tempo. De fato, segundo dissera, os homens de ciência foram chegando aos poucos, ainda que individualmente, à aceitação dos princípios espíritas, mesmo sem o suspeitarem.

Desde a década de 1950, sobretudo ao influxo dos trabalhos de psicólogos e físicos de vanguarda, chama-se estados especiais de vigília, estados alterados de consciência, estados incomuns de consciência, ou ainda estados de expansão de consciência, o que o professor Denizard Rivail, cem anos antes, já havia estudado por mais de três decênios. À época, esses estados incomuns de consciência eram denominados sonambúlicos.[16] Kardec os identificou como efeitos da emancipação da alma humana. Segundo ele, "muitas manifestações espíritas são explicáveis por esse meio".[17]

Em estudos e tendências da pesquisa científica de hoje, podemos facilmente surpreender a pioneira exatidão dos trabalhos e do pensamento de Allan Kardec. O físico Patrick Drouot afirma sem rodeios:

> Pouco a pouco, numerosos cientistas evoluem em direção à idéia de que a inclusão da consciência humana no campo das pesquisas atuais permitiria o acesso à compreensão da natureza do ser humano e, conseqüentemente, à do universo.[18]

Assim, numerosos cientistas evoluem, presentemente, em direção às idéias postuladas desde meados do século XIX por Kardec. Em *O livro dos espíritos*, no seu *Resumo teórico do sonambulismo, do êxtase e da dupla vista* (1860), ele se demonstra o grande precursor contemporâneo da tendência de perquirição da natureza da consciência humana e sua inclusão no campo das pesquisas científicas. O item 455 da mesma obra não nos deixa mentir.

> (...) como o sonambulismo natural ou artificial é um fato, e como contra fatos não há raciocínio possível, vai ele ganhando terreno, apesar da má vontade de alguns, no seio da própria ciência, onde penetra por uma imensidade de portinhas, em vez de entrar pela porta larga. Quando lá estiver totalmente, terão que lhe conceder direito de cidade.

> Para o espiritismo, o sonambulismo é mais do que um fenômeno psicológico, é uma luz projetada sobre a psicologia. É aí que se pode estudar a alma, porque é onde esta se mostra a descoberto.

Kardec soube, à custa de seu gênio, superar sua própria formação clássica. A realidade que o fenômeno espírita descortinava não encontrava na aplicação dos conceitos da visão mecanicista do mundo um método conveniente de exploração. Por isso, o codificador não se fixou na epiderme dos fenômenos espíritas — anímicos (da alma com corpo físico), ou mediúnicos (da alma sem esse corpo) —; Kardec teve a capacidade ímpar de articulá-los à busca do mais necessário de todos os saberes: de onde viemos, quem somos, para onde vamos.

No dizer do professor Herculano Pires, "o pecado de Kant [1724-1804] foi o da dicotomia no plano do conhecimento, negar à razão a possibilidade da metafísica".[19] Pois bem! O codificador superou a dicotomia kantiana no plano do conhecimento não negando à razao essa possibilidade. Ele estava convicto da naturalidade das relações entre espírito e matéria, que a ciência espírita lhe demonstrara integrados num mesmo todo.

O fato é que Allan Kardec ampliou sua reflexão ao transcender o campo dos fenômenos, elevando o espiritismo à dimensão globalizante de uma filosofia que alarga o horizonte científico e desmitifica o religioso. A doutrina espírita surgia como legítima fundadora da era do espírito em nossa civilização pelas mesmas vias do saber elaborado.

> Falsíssima idéia formaria do espiritismo quem julgasse que a sua força lhe vem da prática das manifestações materiais e que, portanto, obstando-se a tais manifestações, se lhe terá minado a base. Sua força está na sua filosofia, no apelo que dirige à razão, ao bom-senso.[20]

> (...) o espiritismo é hoje um fato consumado; ele já conquistou o seu lugar na opinião pública e entre as doutrinas filosóficas; é pois preciso que aqueles, a quem ele não convém, se resignem a vê-lo ao seu lado, restando-lhes a liberdade de recusá-lo.[21]

Doutrina Multíplice

Sem nos esmerarmos em detalhes biográficos ou extensos relatos de complexa fenomenologia, quisemos, inicialmente, chamar a atenção do leitor para o fato de que o espiritismo é, no mínimo, uma doutrina tríplice, para não dizermos multíplice.

O estudo do espiritismo não é apaixonante tão-só pelas manifestações em si, mas por suas conseqüências. Nenhum sistema elaborado de pensamento racional atingiu os níveis tão precisos de síntese alcançados pela doutrina espírita.

Numa visão crítica privilegiada, J. Herculano Pires, em sua "Introdução a *O livro dos espíritos*", ressaltou a singularidade do processo dialético do espiritismo, que não enfatiza as contradições, as lutas de opostos, mas, superando-as, constrói uma harmonia, uma fusão necessária de contrários, de teses e antíteses, para a criação de uma fase nova e mais fecunda.

Sócrates [470-399 a.C.] ouvia as vozes do seu *daimónion* e discutia com o Oráculo de Delfos. Mas Kardec não se limitou a isso: foi mais longe, dialogando com todo o mundo invisível, analisando rigorosamente as suas vozes, ouvindo inferiores e superiores, para descobrir as leis desse mundo, as formas de vida nele existentes, o mecanismo das suas relações com o nosso.

O método dialético é o processo natural do desenvolvimento, tanto do pensamento como de todas as coisas. Emmanuel [guia espiritual de Francisco Cândido Xavier], certa vez, comparou o Velho Testamento a um apelo dos homens a Deus, e o Novo Testamento, à resposta de Deus. Aceitando essa imagem, podemos dizer que *O livro dos espíritos* é a síntese desse diálogo, é o momento em que, segundo a definição de Hamelin [1856-1904], o apelo e a resposta se fundem na compreensão espiritual, abrindo caminho a uma nova fase da vida terrena.[22]

Capítulo Dois

O que É Mediunidade

Consideração Técnica

Em espiritismo, o conceito de mediunidade está atrelado a uma concepção trinária do ser humano. Segundo a Codificação Espírita, o homem é formado de três partes essenciais: 1ª — o corpo, ou ser material; 2ª — a alma, espírito encarnado que tem no corpo a sua habitação; 3ª — um princípio intermediário, ou perispírito (do grego, *peri*, "em torno"), substância semimaterial que serve de primeiro envoltório ao espírito e liga a alma ao corpo.[23]

Não se pode, é claro, atribuir forma ao espírito propriamente dito, entendido como princípio intelectual e moral. Porém, conforme a doutrina, em qualquer grau evolutivo, esteja encarnado ou não, o ser imortal conta sempre com o revestimento de um envoltório, um corpo perispirítico, de natureza sutil, e que é mais ou menos depurado segundo a elevação intelecto-moral do espírito.[24]

Assim, encarnado ou desencarnado, o espírito não é pura abstração; ele tem corpo, conserva personalidade. Aliás, isso foi bem intuído por São Paulo [33-62 d.C.], que afirmou ser esse envoltório sutil o "corpo espiritual", detentor da "imagem" do corpo terreno.[25]

A morte mais não é do que, simplesmente, a separação definitiva dos corpos material e espiritual.[26] Se preferirmos, contudo, uma definição mais arrojada, podemos dizer que é uma "oscilação irreversível da consciência num outro universo".[27]

No entanto, a morte seria um afastamento irremediável, uma viagem sem volta? Supondo que são partes harmônicas de uma realidade integrada, não haveria meios de comunicação entre o universo material e o espiritual? Se, durante a vida, somos espíritos encarnados e, por esse fato, interagimos com a matéria orgânica mediante um corpo espiritual, por que, após a morte, possuindo ainda este último envoltório, de nenhuma possibilidade de comunicação poderíamos dispor?...

Cumpre sabermos como o espiritismo chegou, afinal, à solução dessas questões.

A doutrina espírita não é concepção pessoal de Kardec. Ela surgiu de estudos detidos acerca de uma série progressiva de fenômenos que, em meados do século XIX, se espalharam pela América, Europa e outras partes do mundo. Inicialmente, tudo era muito estranho: a mais variada produção de ruídos e pancadas sem nenhuma causa ostensiva; uma insólita movimentação de diversos objetos, sobretudo mesas. Por isso se vulgarizou a expressão *mesas girantes* ou *dança das mesas* para definir as estranhas ocorrências.

A princípio, houve, é claro, uma natural incredulidade a respeito de tais acontecimentos. Entretanto, a multiplicidade das experiências não permitiu que se duvidasse mais da realidade dos fatos, o que desafiou a inteligência de sábios de todas as especialidades.

Muitos desses fenômenos, todavia, denotavam instigante deliberação. Eles pareciam produzidos não por uma força cega desconhecida, mas por uma causa inteligente qualquer. Nesse ponto, os experimentos tomaram um rumo inteiramente novo.

Vale acompanharmos um pouco o breve histórico de Allan Kardec sobre o desenvolvimento das pesquisas experimentais espíritas. Trata-se de um ponto capital em espiritismo.

> As primeiras manifestações inteligentes se produziram por meio de mesas que se levantavam e, com um dos pés, davam certo número de pancadas, respondendo desse modo — *sim*, ou — *não*, conforme fora convencionado, a uma pergunta feita. Até aí nada de convincente havia para os cépticos, porquanto bem podiam crer que tudo fosse obra do acaso. Obtiveram-se depois respostas mais desenvolvidas com o auxílio das letras do alfabeto: dando o móvel um número de pancadas correspondente ao número de ordem de cada letra, chegava-se a formar palavras e frases que respondiam às questões propostas. A precisão das respostas e a correlação que denotavam com as perguntas causaram espanto. O ser misterioso que assim respondia, interrogado sobre a sua natureza, declarou que era *espírito* ou *gênio*, declinou um nome e prestou diversas informações a seu respeito.

> Tal meio de correspondência era, porém, demorado e incômodo. O espírito (e isto constitui nova circunstância digna de nota) indicou outro. Foi um desses seres invisíveis quem aconselhou a adaptação de um lápis a uma cesta ou a outro objeto. Colocada em cima de uma folha de papel, a cesta é posta em movimento pela mesma potência oculta que move as mesas; mas, em vez de um simples movimento regular, o lápis traça por si mesmo caracteres formando palavras, frases, dissertações de muitas páginas sobre as mais altas questões de filosofia, de moral, de metafísica, de psicologia, etc., e com tanta rapidez quanta se se escrevesse com a mão.[28]

Foi assim que da tiptologia e da sematologia, sobretudo de valores alfabéticos,[29] se chegou à psicografia indireta, que consistia num lápis adaptado a certos objetos, normalmente uma pequena cesta de vime, por meio do que os espíritos escreviam sem que o médium retivesse o lápis em uma das mãos, mas impondo-as sobre a cesta.

Houve, portanto, um fator preponderante para o surgimento da doutrina espírita: a presença ou ausência de certas pessoas, unicamente sob a influência das quais os ditados dos espíritos podiam ser obtidos. Foram, por isso, chamadas *médiuns*, isto é, intermediários ou mediadores entre os desencarnados e os encarnados.

Ao lado, contudo, da descoberta desse fator preponderante para o surgimento do espiritismo, abriu-se uma via de muito séria objeção à existência de comunicações entre os vivos e os chamados mortos... Não seria o médium a fonte real de todos esses ditados? Na posse, todavia, da meticulosidade de um esmerado pesquisador, Allan

Kardec sanou de imediato essa dúvida, tantas vezes ressuscitada por novos experimentadores psíquicos.

> Obtido o fato, restava comprovar um ponto essencial — o papel do médium nas respostas e a parte que, mecânica e moralmente, pode ter nelas. Duas circunstâncias capitais, que não escapariam a um observador atento, tornam possível resolver-se a questão. A primeira consiste no modo por que a cesta se move sob a influência do médium, apenas lhe impondo este os dedos sobre os bordos. O exame do fato demonstra a impossibilidade de o médium imprimir uma direção qualquer ao movimento daquele objeto. Essa impossibilidade se patenteia, sobretudo, quando duas ou três pessoas colocam juntamente as mãos sobre a cesta. Fora preciso entre elas uma concordância verdadeiramente fenomenal de movimentos. Fora preciso, demais, a concordância dos pensamentos, para que pudessem estar de acordo quanto à resposta a dar à questão formulada. Outro fato, não menos singular, ainda vem aumentar a dificuldade. É a mudança radical da caligrafia, conforme o espírito que se manifesta, reproduzindo-se a de um determinado espírito todas as vezes que ele volta a escrever. Fora necessário, pois, que o médium se houvesse exercitado em dar à sua própria caligrafia vinte formas diferentes e, principalmente, que pudesse lembrar-se da que corresponde a tal ou tal espírito.
>
> A segunda circunstância resulta da natureza mesma das respostas que, as mais das vezes, especialmente quando se ventilam questões abstratas e científicas, estão notoriamente fora do campo dos conhecimentos e, amiúde, do alcance intelectual do médium, que,

> além disso, como de ordinário sucede, não tem consciência do que se escreve debaixo da sua influência; que, freqüentemente, não entende ou não compreende a questão proposta, pois que esta o pode ser num idioma que ele desconheça, ou mesmo mentalmente, podendo a resposta ser dada nesse idioma. Enfim, acontece muito escrever a cesta espontaneamente, sem que se haja feito pergunta alguma, sobre um assunto qualquer, inteiramente inesperado.[30]

Desse modo, os fenômenos que despertaram a atenção dos encarnados para a interferência espirítica não foram os de natureza subjetiva, como visões ou audições inusitadas. Em espiritismo, os fenômenos objetivos é que levaram ao entendimento dos subjetivos. Experimentador atento, Kardec sempre raciocinou positivamente, evitando toda especulação sem objeto.

No último capítulo de *O livro dos médiuns*, intitulado "Vocabulário Espírita", lemos: "*Médium* — (Do latim, *medium*, meio, intermediário.) — Pessoa que pode servir de intermediária entre os espíritos e os homens." E ainda: "*Medianimidade* — Faculdade dos médiuns. Sinônimo de mediunidade."

Segundo a doutrina, a faculdade mediúnica propriamente dita está radicada no organismo, independendo da inteligência ou da moralidade.[31] A melhor explicação do seu princípio geral é de um dos principais orientadores espirituais da Codificação, chamado Erasto, antigo discípulo de São Paulo:

> (...) o vosso perispírito e o nosso procedem do mesmo meio, são de natureza idêntica, são, numa palavra, semelhantes.

> Possuem uma propriedade de assimilação mais ou menos desenvolvida, de magnetização mais ou menos vigorosa, que nos permite a nós, espíritos desencarnados e encarnados, pormo-nos (...) em comunicação. Enfim, o que é peculiar aos médiuns, o que é da essência mesma da individualidade deles, é uma afinidade especial e, ao mesmo tempo, uma força de expansão particular, que lhes suprimem toda refratariedade e estabelecem, entre eles e nós, uma espécie de corrente, uma espécie de fusão, que nos facilita as comunicações.[32]

Portanto, a percepção é do ser espiritual, não da matéria. O espírito percebe mediante seu corpo fluídico. Quando está encarnado, seu perispírito está intrinsecamente ligado ao organismo carnal. Isto lhe ocasiona uma redução da capacidade perceptiva, que fica condicionada predominantemente à vida física.

Segundo Erasto, todavia, o perispírito, mediante uma "força de expansão particular", pode suprimir a refratariedade da matéria, superar seu condicionamento ao corpo físico, dando ao espírito percepções diferenciadas, mais amplas.

Isto ressalta também do item 420 de *O livro dos espíritos*, o qual preconiza que "o espírito não se acha encerrado no corpo como numa caixa; irradia por todos os lados", afirmando que ele pode, desse modo, "comunicar-se com outros espíritos, mesmo em estado de vigília, se bem que mais dificilmente".

Então, suprimindo os empecilhos materiais às percepções diferenciadas, a mediunidade consiste no fato de os desencarnados verem nessa mais ampla capacidade perceptiva de alguns indivíduos

— de várias formas traduzida — um canal de comunicação, espécie de porta entre dimensões distintas, mas perfeitamente integradas.

É assim que muitos vêem os espíritos, outros os escutam, outros escrevem suas palavras, alguns lhes fornecem os fluidos necessários às intervenções físicas, como aparições tangíveis (materializações), pneumatografias (escritas diretas), etc.

Como já referimos, o interesse do mestre lionês por essa ordem de fatos é anterior a suas experiências com as mesas girantes. Por mais de 35 anos a fio, ele averiguou os fenômenos sonambúlicos, definidos hoje como estados incomuns de consciência.[33]

Insistimos nesse importante traço biográfico de Kardec. Isso conferiu ao discípulo de Pestalozzi a experiência necessária para distinguir os fenômenos que têm origem na própria alma do indivíduo (anímicos) daqueles que supõem "a intervenção direta de um espírito", "de uma potência oculta" (mediúnicos).[34]

A doutrina espírita, na verdade, é precursora da moderna psicologia dinâmica. Os espíritos, em seus ditados, e Allan Kardec, em suas análises, sempre deixaram claro que, longe de dispensar os conteúdos do inconsciente, destes o fenômeno mediúnico emerge, distinguindo-se, porém, como deliberação de um ser estranho a esses conteúdos mas que, momentaneamente, encontra neles os instrumentos dos quais necessita para tornar-se perceptível à nossa dimensão. Essa é a função do espírito (ou mente) do médium nas comunicações; nunca totalmente nula.[35] Daí, contudo, à negação sistemática da possibilidade da intervenção dos desencarnados vai grande distância. Mais cabe hoje aos detratores do espiritismo demonstrar a impossibilidade dos fatos mediúnicos que aos espíritas a sua realidade.

Geralmente, não se considera a origem experimental do espiritismo. Ainda não havia doutrina estabelecida para influenciar ninguém, somente fatos um tanto insólitos. Em todo o mundo, eles se demonstravam, reiteradas vezes, inteligentes, e não apenas fortuitos. Era e é impossível ao observador atento explicá-los de forma satisfatória, nos seus numerosos e delicados matizes, senão por meio da intervenção espirítica, viável graças à faculdade mediadora.

O espiritismo demonstra a delicada relação de diferença e dependência existente entre o animismo e a mediunidade. Esta última aparece sempre mais ou menos construída sobre aquele outro. Todo fenômeno mediúnico é anímico, embora nem todo fenômeno anímico seja mediúnico.

Não raro, um indivíduo, como disse Kardec, "age sob a influência do seu próprio espírito; é sua alma que, nos momentos de emancipação, vê, ouve e percebe, fora dos limites dos sentidos".[36] Ele e outros experimentadores chamaram a isso sonambulismo. O sábio russo Alexandre Aksakof o denominou animismo. Hoje se diria estados incomuns de consciência, ou algo semelhante. O codificador do espiritismo bem esclareceu, porém, que "o médium é instrumento de uma inteligência estranha; o que diz não vem de si".[37]

Profundo didata e singular conhecedor da interface existente entre ambas as modalidades do fenômeno espírita — anímica e mediúnica —, Kardec narra em *O livro dos médiuns* o caso de um menino de 14 ou 15 anos. Em estado de emancipação da alma, de expansão de consciência, esse menino era capaz de identificar as causas de doenças manifestas e ainda não manifestas nas pessoas. Entretanto, os remédios indicados eram prescritos por outro, alguém a quem chamava "anjo doutor". Sem a presença desse outro espírito, era possível ao menino identificar as doenças e mesmo suas causas, mas não prescrever os medicamentos.[38]

Nesse caso, a ação de identificar as doenças nas pessoas caracteriza um fenômeno espírita de modalidade anímica, porque da alma do próprio menino. Já a prescrição desse ou daquele remédio, exigindo "a intervenção direta de um espírito",[39] constitui um fenômeno espírita de modalidade mediúnica. Por essa razão, o codificador dizia que os fenômenos espíritas consistem nos diferentes modos de manifestação da alma ou espírito, quer durante a encarnação (anímicos), quer no estado de erraticidade (mediúnicos).[40]

Consideração Ética

Sob um ponto de vista exclusivamente técnico, dissemos que, segundo a doutrina, a faculdade mediúnica propriamente dita está radicada no organismo, independendo da inteligência ou da moralidade do indivíduo.[41] Não há dúvidas, entretanto, de que essa faculdade é concedida para o bem, porque, dizem os espíritos, visa ao melhoramento dos que a possuem.[42]

Por outro lado, quanto ao exercício da mediunidade, o nível de inteligência e de moral indica os desencarnados dos quais os médiuns se vêem acompanhados, por afinidade. As pesquisas experimentais espíritas demonstram que médiuns ignorantes e, sobretudo, de baixa moralidade, podem tornar-se presas de espíritos inferiores.

> Entre os escolhos que apresenta a prática do espiritismo, cumpre se coloque na primeira linha a *obsessão*, isto é, o domínio que alguns espíritos logram adquirir sobre certas pessoas. Nunca é praticada senão pelos espíritos inferiores, que procuram dominar. Os bons espíritos nenhum constrangimento infligem. Aconselham, combatem a influência dos maus e, se não os ouvem, retiram-se. Os maus, ao contrário, se agarram àqueles de quem podem fazer suas presas. Se chegam a dominar algum, identificam-se com o espírito deste e o conduzem como se fora verdadeira criança.[43]

Os fenômenos espíritas — quer anímicos, quer mediúnicos — são de todos os tempos. Há deles relatos nos livros sagrados e nas tradições de todas as culturas.[44] Existem notícias de povos sem a noção de divindade, mas não de povos sem um conceito qualquer de espírito, ou alma.[45] Que os mortos não estariam verdadeiramente mortos e mesmo participariam de nossa vida há, igualmente, informações que remontam à mais recuada Antiguidade. No entanto, estava reservado ao espiritismo pôr a descoberto os verdadeiros fundamentos dessas relações naturais, distinguindo o real do fantasioso, o histórico do lendário, o conhecimento da superstição.

Dos experimentos que deram ensejo a elevadas instruções espirituais, surgiram, em espiritismo, técnica e ética específicas. Quando se trata do problema da relação entre vivos e mortos, essa técnica e, sobretudo, essa ética, não podem ser negligenciadas.

A doutrina espírita deu-nos a conhecer uma realidade que ignorávamos e que, sem sabermos, sempre toma parte em tudo o que fazemos. Assim, o espiritismo nos previne contra muitos insucessos e contrariedades que decorrem do desconhecimento desse fato.

As revelações dos espíritos, por Kardec analisadas, controladas e comparadas universalmente entre si, à luz da razão crítica, de lógica rigorosa e dos dados positivos da ciência, puseram a descoberto o regimento universal das leis morais, regimento que preside os destinos humanos, nas demais dimensões como nesta.[46]

Em espiritismo, a ética cristã passou de mero código moral a lei da natureza. O bem gera e atrai o bem; o mal gera e atrai o mal. A doutrina espírita sanciona, desse modo, o princípio cristão de que devemos fazer aos outros o que gostaríamos que eles nos fizessem, porque, de fato, a cada um sempre é dado conforme suas obras.

Nas relações, conscientes ou não, que temos com os desencarnados, imprescindível é considerarmos os tipos de ações, sentimentos e pensamentos que nutrimos todos os dias, porque determinam nossas "companhias" espiríticas. Trata-se do princípio da afinidade entre semelhantes. Diz Kardec que "a alma exerce sobre o espírito livre uma espécie de atração, ou de repulsão, conforme o grau da semelhança existente entre eles".[47] E esclarece:

> Fora erro acreditar alguém que precisa ser médium para atrair a si os seres do mundo invisível. Eles povoam o espaço; temo-los incessantemente em torno de nós, ao nosso lado, vendo-nos, observando-nos, intervindo em nossas reuniões, seguindo-nos, ou evitando-nos, conforme os atraímos ou repelimos. A faculdade mediúnica em nada influi para isto: ela mais não é do que um meio de comunicação. De acordo com o que dissemos acerca das causas

de simpatia ou antipatia dos espíritos, facilmente se compreenderá que devemos estar cercados daqueles que têm afinidade com o nosso próprio espírito, conforme é este graduado, ou degradado.[48]

Relações Fluídicas

O homem não é a matéria, mas a consciência imortal que a governa. Sabemos hoje que o pensamento não é algo limitado ao cérebro, manifesta-se numa gradação de ondas específicas, assumindo formas e até cores.

Numa comparação didática, Kardec disse que "os maus pensamentos corrompem os fluidos espirituais como os miasmas deletérios corrompem o ar respirável".[49]

O próprio codificador, porém, ressaltou que a qualificação *fluidos espirituais* "não é rigorosamente exata, pois, em definitiva, eles são matéria mais ou menos quintessenciada. De realmente espiritual, só a alma ou princípio inteligente".[50]

Então, Allan Kardec chamou fluidos espirituais à energia cósmica em dimensões "sutis", à "matéria" do mundo espiritual, como ele dizia. Trata-se da energia cósmica universal em estados de menor condensação, nos quais ela sofre mais diretamente os comandos do pensamento, quer de encarnados, quer de desencarnados.

Uma classificação dos bons ou dos maus fluidos, ou uma especificação de suas qualidades, seria impossível, "por ser tão grande quanto a dos pensamentos a diversidade deles".[51] Segundo o codificador, "o quadro dos fluidos seria o de todas as paixões, das virtudes e dos vícios da humanidade e das propriedades da matéria, correspondentes aos efeitos que eles produzem".[52]

Há uma intrínseca relação entre os fluidos espirituais e o perispírito. Como os fluidos espirituais, o perispírito é energia menos condensada. No perispírito, entretanto, essa energia se concentra em torno de um foco de inteligência e consciência definindo-o.[53]

Sendo um organismo vivo, o perispírito tem metabolismo. Ele absorve, porém, apenas os fluidos com os quais tem afinidade, com os quais é compatível. Segundo o codificador, "os fluidos se combinam pela semelhança de suas naturezas; os dessemelhantes se repelem; há incompatibilidade entre os bons e os maus fluidos, como entre o óleo e a água".[54]

O perispírito assume as qualidades dos pensamentos, sentimentos e emoções, colocando o ser que os emite em relações fluídicas (energéticas) afins. Assim, nosso corpo perispirítico representa, segundo Kardec, "uma fonte fluídica permanente", pelo que devemos, então, purificá-lo, dar-lhe qualidades que sejam para as más influências um "repulsor", não uma "força atrativa".

> O perispírito é uma couraça a que se deve dar a melhor têmpera possível. Ora, como as suas qualidades guardam relação com as da alma, importa se trabalhe por melhorá-la, pois que são as imperfeições da alma que atraem os espíritos maus. As moscas são atraídas pelos focos de corrupção; destruídos esses focos elas desaparecerão. Os maus espíritos, igualmente, vão para onde o mal os atrai; eliminado o mal, eles se afastarão. *Os espíritos realmente bons, encarnados ou desencarnados, nada têm que temer da influência dos maus.*[55]

Portanto, não devemos temer espíritos inferiores. Tratemos de nosso progresso moral, como Jesus propõe no Evangelho e Kardec expõe na Codificação Espírita, explicando o funcionamento das leis que dirigem nossas relações com o mundo invisível, das leis que dirigem as relações do princípio inteligente com o princípio material, em suas múltiplas dimensões.

Segundo a doutrina espírita, garrafadas, despachos, banhos de ervas, incensos, talismãs, cristais, pirâmides, etc., não possuem nenhuma eficácia em afastar os maus fluidos e os espíritos que os mobilizam e produzem. No dizer de Kardec: “Toda influência reside no ascendente moral.”[56]

Num país tão afeito ao sincretismo, no qual se considera a espiritualidade sob óticas puramente míticas, místicas e mesmo mágicas, o esclarecimento doutrinário espírita é de vital importância, até para que fique clara a diferença entre espiritismo (doutrina codificada por Allan Kardec) e espiritualismo (generalidade das crenças imortalistas, entre as quais o espiritismo).

O desenvolvimento histórico, social e cultural do processo de estabelecimento do espiritismo determinou que o espírita não seja mais, como em meados do século XIX, tão-só aquele que crê nas manifestações dos espíritos. O espírita é hoje, necessariamente, aquele que adota o espiritismo: doutrina cuja identidade está fixada pelas obras da Codificação de Allan Kardec. O próprio mestre lionês, ao final de sua carreira, disse sem rodeios: “Criamos a palavra espiritismo para atender às necessidades da causa; temos pois o direito de lhe determinar as aplicações e de definir as qualidades e as crenças do verdadeiro espírita.”[57]

Portanto, a umbanda, o candomblé e outros cultos, afro-brasileiros ou não, mesmo usando o vocabulário espírita, praticam mediunismo, não o espiritismo; seus adeptos podem ser espiritualistas mediunistas, nunca espíritas.

Sem jamais desrespeitar a liberdade de crença ou de culto, antes defendendo-a, o espiritismo apenas reivindica o reconhecimento da sua identidade histórica e conceitual.

Citamos a seguir determinada pergunta do codificador aos espíritos superiores, bem como a resposta destes àquela, para que não restem dúvidas a esse respeito:

> *Não pode aquele que, com ou sem razão, confia no que chama a virtude de um talismã, atrair um espírito, por efeito mesmo dessa confiança, visto que, então, o que atua é o pensamento, não passando o talismã de um sinal que apenas lhe auxilia a concentração?*
>
> "É verdade; mas, da pureza da intenção e da elevação dos sentimentos depende a natureza do espírito que é atraído. Ora, muito raramente aquele que seja bastante simplório para acreditar na virtude de um talismã deixará de colimar um fim mais material do que moral. Qualquer, porém, que seja o caso, essa crença denuncia uma inferioridade e uma fraqueza de idéias que favorecem a ação de espíritos imperfeitos e escarninhos."[58]

Terapêutica Espírita

Disse Jesus a seus discípulos: "Curai os enfermos, ressuscitai os mortos, limpai os leprosos, expeli os demônios. Dai de graça o que de graça recebestes." (Mateus, 10:8.)

Mas limpar um leproso não seria curar um enfermo? Por que a redundância?... A instrução abriga em si a revelação do sentido oculto de certos procedimentos outrora aparentemente espetaculares, mas hoje compreensíveis mediante o espiritismo. Limpar leprosos é curar enfermos tanto quanto ressuscitar mortos é expelir demônios.

Estes últimos não ostentam chifres ou carregam tridentes. Mais não são que homens e mulheres. Assim os considerava a cultura grega, veículo máximo da propaganda cristã. "Às *almas humanas* divinizadas pela morte os gregos denominavam-nas *demônios* ou *heróis*. Os latinos denominavam-nas de *lares, manes, gênios*". É o que nos assegurou o precursor da moderna historiografia francesa, Fustel de Coulanges (Numa Denis), professor de História Medieval na Sorbonne.[59] O terror, portanto, das ficções impiedosas de certas teologias nada tem a ver com o cristianismo de Jesus.

Bem compreendida, não existe, pois, uma síntese melhor da terapêutica espírita que a instrução cristã supracitada. Todavia, quais os meios dessa terapêutica? Como procede?... Considerando Jesus de Nazaré como guia e modelo. Imposição das mãos e oração, estas as técnicas fundamentais do cristianismo do Cristo. Basta conferirmos Marcos, 5: 23; 8: 23; 16: 18; Lucas 4: 40; 13: 13; Atos 6: 6; 8: 17; 9: 17; 19: 6; 28: 8, e outros passos das escrituras.

Graças ao espiritismo, mais fácil é sabermos que os feitos de Jesus e de seus discípulos nada tinham de mágicos. Resultavam do conhecimento de uma ação superior que o espírito pode exercer sobre a energia e a matéria submetendo-as a uma vontade tanto mais poderosa quanto mais sublimada.

Daí a absoluta simplicidade da terapêutica espírita. A recorrência a quaisquer aparatos exteriores, sejam fórmulas, ritos, palavras sacramentais, objetos dessa ou daquela natureza, etc., não pode ser classificada de cristã e, menos ainda, de espírita.

O sentido de liberdade que anima a doutrina codificada por Kardec não endossa a multiplicidade dos modismos exóticos que a ela se querem impor mediante sincretismos inconseqüentes.

Sem negar a eficácia das terapias alternativas sérias, o espiritismo entende desnecessário incorporá-las, na medida em que nada acrescentam aos resultados pela prática espírita já obtidos.

Esta conclusão do físico e místico Patrick Drouot pode confirmar o que dizemos, tendo o mérito de constituir uma fonte insuspeita, porque não espírita:

> (...) alguém que manipule com relativa profundidade as energias do cristal aprende com rapidez que, num dado momento, ele não é mais necessário e que é o ser humano que age como cristal pensante, com os mesmos dons, ou ainda maiores, tendo como único instrumento seus dedos ou seus pensamentos.[60]

Jesus de Nazaré já não nos teria deixado exatamente nesse ponto? O Cristo e seus discípulos tinham na imposição das mãos ("dedos") e na oração ("pensamentos") suas recorrências básicas. E convenhamos em que seus êxitos não foram por essa razão menores... Sempre atento às verdades mais altas, o codificador soube, por isso, manter-se fiel às razões doutrinárias do espiritismo, superando injustas acusações de ortodoxia e sectarismo.

Ao coordenar as atividades da Sociedade Parisiense de Estudos Espíritas, por ele fundada em 1º de janeiro de 1858, Kardec fazia uso apenas das ações magnéticas da evocação (ressurreição dos mortos), da prece (oração) e do passe (imposição das mãos).

Por meio de tais procedimentos, mesclados ao diálogo esclarecedor, Allan Kardec realizou, junto a seus cooperadores fiéis, muitas curas psíquicas, quer de encarnados, quer de desencarnados. Tudo transcorria conforme o código cristão: gratuitamente. Não se pode pôr preço ao que de graça o Alto nos concede: sua assistência amiga e benfeitora.

O cristianismo — não o dos homens, mas o do Cristo — está de fato restabelecido. Mas não é fácil mantê-lo assim, seja em doutrina, em concepção, seja em técnica e prática. Herculano Pires alertou: "O centro espírita significa uma fortaleza espiritual da grande batalha para o restabelecimento da verdade cristã na Terra."[61]

Se, em espiritismo, quanto às concepções doutrinárias, necessária se faz lúcida fidelidade, não menos no que respeita às práticas conseqüentes. Por essa razão, as casas espíritas procedem com a maior simplicidade e disciplina nos serviços de assistência pela ação magnética da imposição das mãos: os passes, ministrados por pessoas previamente instruídas para tanto.

Ao contrário, porém, do que se imagina, não há base para o estabelecimento de rígidos padrões gestuais ou mesmo de sincronias nas aplicações de passes nas casas espíritas. O objetivo é apenas projetar fluidos benfazejos sobre o perispírito da pessoa que a essa ação magnética se submete. Isto pode ser obtido pela simples imposição das mãos, sem contato, sobre a cabeça dessa pessoa; quando muito, as mãos do magnetizador (médium passista) podem percorrer, igualmente sem contato, os contornos da cabeça, do tronco e dos braços dessa pessoa, sem qualquer afetação.

Salvo raras exceções, justificadas por motivos de saúde, o indivíduo submetido à ação magnética do passe encontrar-se-á sentado numa cadeira ou banco comuns, permanecendo à sua frente o magnetizador, de pé, em silêncio, em atitude mental de oração e com as mãos impostas. Este último estará trajado simples mas dignamente, sem qualquer paramento especial ou uniforme; não fará uso de álcool, fumo ou qualquer espécie de talismã; não manifestará ostensivamente a presença dos espíritos por incorporações ou psicofonias, que só deverão ocorrer, preferencialmente, em reuniões específicas.

Na chamada câmara de passes, os invisíveis estarão operando e transformando diversos fluidos. Conforme cada caso, eles tomarão as devidas providências, as quais, freqüentemente, escapam ao nosso entendimento mais imediato.

O fato é que os espíritos, mesmo encarnados, podem exercer grande ação sobre a matéria elementar, a energia cósmica universal. É assim que, segundo Kardec, formam substâncias e lhes modificam as propriedades. Para tanto, a sua vontade tem o efeito de um reativo mais ou menos eficaz.[62]

Isso explica o fato da mudança das propriedades da água sob a ação fluídica. No dizer de Kardec, "substâncias, como a água, por exemplo, podem adquirir qualidades poderosas e efetivas sob a ação do fluido espiritual ou magnético".[63] Daí o uso nas casas espíritas da chamada "água fluidificada". Algumas Igrejas, aliás, parecem ter percebido a eficácia dessa prática que o espiritismo herdou da escola magnética européia, pois a adotam publicamente, mesmo em programas televisivos, ainda que sob outras formas e denominações.

> O espírito atuante é o do magnetizador, quase sempre assistido por outro espírito. Ele opera uma transmutação (...). Ora, desde que ele pode operar uma modificação nas propriedades da água, pode também produzir um fenômeno análogo com os fluidos do organismo, donde o efeito curativo da ação magnética, convenientemente dirigida (...). A vontade é atributo essencial do espírito, isto é, do ser pensante. Com o auxílio dessa alavanca, ele atua sobre a matéria elementar e, por uma ação consecutiva, reage sobre seus compostos (...). Assim se explica a faculdade de cura (...) pela imposição das mãos, faculdade que algumas pessoas possuem em grau mais ou menos elevado.[64]

Não se trata, como se vê, de buscar nem, menos ainda, de prometer milagres. Em espiritismo tem-se, perfeitamente clara, a noção racional de processo. Segundo a doutrina, são variados os efeitos da ação fluídica, de acordo com cada situação. Podem ser lentos, exigindo tratamento prolongado, ou rápidos, mesmo instantâneos. Como quer que seja, "o princípio é sempre o mesmo: o fluido, a desempenhar o papel de agente terapêutico e cujo efeito se acha subordinado à sua qualidade e a circunstâncias especiais".[65]

A ação magnética, segundo a Codificação, produz-se de três maneiras: 1ª — Mediante o fluido pessoal do magnetizador. Trata-se do magnetismo propriamente dito, ou magnetismo humano. 2ª — Mediante o fluido dos espíritos, agindo diretamente sobre os encarnados, para curá-los, para aliviar-lhes os sofrimentos, etc. Trata-se do magnetismo espiritual. 3ª — Mediante o fluido projetado pelos espíritos nos magnetizadores, que constituem, neste caso, veículos para a transmissão desse fluido. Trata-se, no dizer de Kardec, do magnetismo misto, semi-espiritual, ou humano-espiritual.

> Combinado com o fluido humano, o fluido espiritual lhe imprime qualidades de que ele carece. Em tais circunstâncias, o concurso dos espíritos é amiúde espontâneo, porém, as mais das vezes, provocado por um apelo do magnetizador.[66]

Esta, a razão da atitude mental de oração nas câmaras de passes e durante a "fluidificação" da água. Trata-se de um apelo dos magnetizadores a fim de que disponham do apoio dos bons espíritos, fator indispensável ao êxito das atividades espíritas.

Segundo Kardec, a prece sincera é uma magnetização espiritual.[67] Os benefícios fluídicos da ação magnética do pensamento podem, assim, ser igualmente obtidos a distância, estando seus alvos — encarnados ou não — longe do local das reuniões de adeptos do espiritismo. Esse é mesmo o procedimento mais adequado para certos casos, nos quais a pessoa-alvo não tem vontade, disponibilidade ou conveniência em freqüentar as sessões públicas de palestras e passes.

Bem se vê, enfim, que o espiritismo é muito diferente do que se pensa; não adora imagens; não se presta a espetáculos de curiosidade; não aprova a violação da integridade física de quem quer que seja a pretexto de cura espiritual ou de prova da existência dos espíritos; menos ainda, estabelece competição com a medicina; antes é desta um aliado.

Sendo um dos elementos constitutivos do homem, o perispírito desempenha importante papel em todos os fenômenos psicológicos e, até certo ponto, nos fenômenos fisiológicos e patológicos. Quando as ciências médicas tiverem na devida conta o elemento espiritual na economia do ser, terão dado grande passo e horizontes inteiramente novos se lhes patentearão. As causas de muitas moléstias serão a esse tempo descobertas e encontrados poderosos meios de combatê-las.[68]

A obsessão muito prolongada pode ocasionar desordens patológicas e reclama, por vezes, tratamento simultâneo ou consecutivo, quer magnético, quer médico, para restabelecer a saúde do organismo. Destruída a causa, resta combater os efeitos.[69]

Capítulo Três

O que É Reencarnação

Metempsicose

Lemos no "Vocabulário Espírita": "*Reencarnação* — Volta do espírito à vida corpórea, pluralidade das existências."[70]

Embora essa palavra, salvo melhor juízo, tenha surgido em meados do século XIX nas obras de Allan Kardec, o conceito de reencarnação da alma não é recente, existe há milênios.[71]

O espiritismo, porém, não assimilou o conceito de reencarnação de doutrinas preexistentes. Como aconteceu a todos os seus princípios, os espíritos é que o proclamaram. Entendendo haver lógica no ensino reencarnacionista dos espíritos reveladores, Kardec, segundo seu método específico de codificação, elevou esse ensinamento à condição de princípio espírita.[72]

A origem das espécies (Charles Darwin, 1859) há de ter sido determinante para que o codificador do espiritismo desse como verdadeiras certas instruções que só vieram a constar da segunda e definitiva edição de *O livro dos espíritos* (1860), as quais explicam a ontogênese mediante a filogênese. Isto é, o princípio inteligente da criação, de que é constituído o próprio espírito humano, elabora-se nos reinos inferiores da natureza, numa rota evolutiva, sem solução de continuidade, "desde o átomo primitivo até o arcanjo, pois ele mesmo [o arcanjo] começou pelo átomo".[73]

Vale bem salientarmos isso, porque, uma vez ou outra, ainda há notícias de certa confusão sobre o princípio das vidas sucessivas. As doutrinas orientais não possuem, nem poderiam originalmente possuir, o conceito de evolução. É assim que, não raro, elas têm da reencarnação idéias diferentes da que a doutrina dos espíritos proclama como lei natural. A metempsicose é um exemplo disso, admitindo a volta da alma humana em corpos animais, vegetais e até minerais...

O espiritismo ensina que o espírito passa a primeira fase do seu desenvolvimento numa série de existências anteriores ao período a que chamamos humanidade.[74] Portanto, a alma humana foi o princípio inteligente dos seres inferiores da criação. Em razão disso, afirmam os espíritos que tudo na natureza se encadeia e tende para a unidade, que nesses seres inferiores, cuja totalidade estamos longe de conhecer, é que o princípio inteligente se elabora, se individualiza pouco a pouco e se ensaia para a vida. Segundo eles, trata-se de um trabalho preparatório, semelhante ao da germinação. O princípio inteligente sofre, assim, uma transformação, e se torna espírito.[75]

[Kardec:] *Poderia encarnar num animal o espírito que animou o corpo de um homem?*
[Espíritos:] "Isso seria retrogradar e o espírito não retrograda. O rio não remonta à sua nascente."[76]

Carma

Outra dificuldade quanto às vidas sucessivas está numa palavra que nunca foi utilizada por Allan Kardec na Codificação do espiritismo. Trata-se do vocábulo carma — do sânscrito, *karman*, "ação". Os poucos estudiosos costumam empregá-la apenas num mau sentido, num sentido negativo: uma dívida do passado a ser paga no presente. Mas o carma pode igualmente ser bom, positivo.

Num ponto de vista mais global, tudo depende do conjunto de nossas ações pretéritas, do "saldo", digamos assim, de bem e de mal que temos em nossa "conta". Se tivermos em nosso passado mais méritos que deméritos, teremos uma "conta" cármica de saldo azul, positiva; se mais deméritos que méritos, uma "conta" cármica com saldo vermelho, negativa.

Embora a palavra carma não conste do vocabulário kardeciano, o espiritismo confirma a verdade essencial por ela expressa: o passado criou o presente e este gera o futuro.

Por meio da pluralidade das existências, o espiritismo ensina que os males e aflições da vida são muitas vezes expiações do passado,

> bem como que sofremos na vida presente as conseqüências das faltas que cometemos em existência anterior e, assim, até que tenhamos pago a dívida de nossas imperfeições, pois que as existências são solidárias umas com as outras.[77]

Observe-se que o codificador não atribui todas as vicissitudes do presente a delitos de vidas passadas. Isso se dá muitas vezes. Quer dizer que nem sempre é assim!

Em espiritismo, a reencarnação é necessária por ser o meio de evolução do espírito. Ela não existe para que o espírito sofra, mas a fim de que ele evolua rumo à perfeição a que fatalmente se destina. Qualquer masoquismo é patológico e longe está de ser uma responsabilidade da doutrina espírita.

O fato é que a reencarnação tem um objetivo: a perfeição espiritual, que não pode ser atingida sem que o espírito passe por provas e, eventualmente, na proporção exata dos males praticados, por expiações. Esta é a lei. Agrade-nos ou não.[78]

A doutrina é muito precisa em estabelecer que nem todo sofrimento por que passamos neste mundo resulta de uma determinada falta no passado. O espírito também busca "simples provas para concluir a sua depuração e ativar o seu progresso", o que levou Kardec a dizer que "a expiação serve sempre de prova, mas nem sempre a prova é uma expiação".[79]

Portanto, há três campos a considerar no que respeita a tudo que nos sobrevém nesta vida: as existências anteriores, a existência atual e os períodos entre vidas, chamados erraticidade. Nestes últimos, dependendo da situação em que se encontre, o espírito é capaz de escolher os gêneros das provas — expiatórias ou não — que melhor o conduzirão a superar-se, para avançar na evolução.[80]

A causa primordial da reencarnação, segundo o espiritismo, não está nas faltas eventualmente cometidas, mas na necessidade geral que os espíritos têm de evoluir para a perfeição a que todos igualmente se destinam. A reencarnação é, portanto, o meio de eles progredirem, não propriamente de serem punidos.[81]

O Retorno

Muitas são as conjecturas acerca da união entre a alma e o corpo. Quando e como aconteceria essa ligação?

No entender espírita, considerado em sua essência, o espírito propriamente dito constitui um ser abstrato e, portanto, indefinido. Por essa razão, não pode ele ter "ação direta" sobre a matéria. Assim, necessita para tanto de um intermediário. Tal mediador é o seu envoltório fluídico, ou perispírito. Segundo Kardec, esse revestimento é "semimaterial", porquanto "pertence à matéria pela sua origem e à espiritualidade pela sua natureza etérea".[82]

O fluido perispirítico, ou seja, a energética do corpo espiritual, possibilita, assim, a união entre o espírito e a matéria. Enquanto a alma está ligada ao corpo físico, o perispírito serve de veículo ao pensamento, transmite movimento às diversas partes do organismo e, por outro lado, também faz que tenham repercussão na alma as sensações que os agentes materiais produzem.

No momento em que o espírito se reencarna, um "laço fluídico", "expansão do seu perispírito", une-o ao óvulo fecundado. À medida que o embrião se desenvolve, esse "laço" se encurta. É assim que, no dizer de Kardec, "o perispírito, que possui certas propriedades da matéria, se une, molécula a molécula, ao corpo em formação". Desse modo, o espírito, por meio de seu perispírito, liga-se ao organismo, à semelhança de uma planta enraizando-se na terra.[83]

Nexos Causais

Focalizando dois temas algo palpitantes: vícios e genética, talvez possamos expor de uma forma mais ilustrada os nexos causais que impregnam o pensamento reencarnacionista espírita.

Vícios

O homem, como já vimos, não é apenas um ser biológico e social, mas fundamentalmente um ser moral e espiritual, um conjunto de fatores combinados e intimamente relacionados.

Todos os movimentos psíquicos, ou seja, da alma ou espírito, que é um foco imortal de inteligência e consciência, ficam dinamicamente "registrados" no seu perispírito.

Podemos dizer que os vícios, do mesmo jeito que as paixões, resultam do "excesso de que se acresceu a vontade",[84] ou seja, que são eles o produto de uma vontade desregrada pela indisciplina, quer nesta, quer noutras vidas.

A única coisa capaz de comprometer o perispírito é a vontade mal dirigida, a vontade mobilizada pela alma em desrespeito às leis morais que regulam a natureza espiritual da vida. Disfunções no corpo perispirítico são os resultados disso.

Preexistimos, com nosso corpo espiritual, à fecundação do óvulo. Durante todo o processo embriogenético e a própria vida extrauterina, esse nosso corpo perispirítico constrói o corpo físico em que reencarnamos, se o perispírito apresenta anomalias, resultantes de vícios cultivados no passado recente ou remoto, mais cedo ou mais tarde elas se manifestarão. Trata-se do princípio psicossomático.

Os vícios, em seus aspectos físicos e morais, são causa de disfunções do perispírito; constituem verdadeiros atentados contra a lei de conservação do organismo terrestre, exposta na Parte terceira de *O livro dos espíritos*, em seu Capítulo V.

O corpo de carne é um instrumento de evolução do espírito; merece, portanto, para o bem do próprio corpo fluídico que o vivifica, o respeito de uma vida regrada, seja física, seja moralmente.

Dizemos isso porque os espíritos, somente por desencarnarem, não se livram dos vícios, das paixões que na Terra cultivaram. Segundo Léon Denis [1846-1927]: “As necessidades procedem do corpo e com ele se extinguem. Os desejos e as paixões são do espírito e o acompanham.”[85]

Os desejos e as paixões mais não são do que elaborações psíquicas construídas a partir da exposição do espírito às necessidades corporais. As necessidades são do corpo, com ele terminam. Porém, as elaborações psíquicas que resultam da exposição do espírito às necessidades corporais — elaborações que constituem os desejos, e, num nível deletério, as paixões — são da alma, permanecem, sobrevivem à morte biológica.

Não devemos, por isso, acrescer de excessos a vontade que mobilizamos na satisfação de nossas necessidades e desejos. Essa vontade, porque acrescida de excessos, mobilizada em demasia, transforma-se numa paixão, escraviza-nos à matéria pelas teias do vício, e faz-nos, enfim, padecer enfermidades. Estas últimas, na sabedoria infinita de Deus, provocam um aprendizado que nos reabilitará — espíritos que somos — perante a harmonia das leis cósmicas, que funcionam numa sincronia infalível, de absoluta integração entre o físico e o moral.

> Toda *paixão* que aproxima o homem da natureza animal afasta-o da natureza espiritual. Todo *sentimento* que eleva o homem acima da natureza animal denota predominância do espírito sobre a matéria e o aproxima da perfeição.[86]

O consumo de drogas, permitidas ou proibidas, e os hábitos sexuais ou alimentares desregrados podem ser comparados a golpes de vibrações inferiores da alma sobre o seu próprio perispírito. Essas vibrações expressam atitudes mentais enfermiças. Pela mediunidade de Francisco Cândido Xavier, o espírito André Luiz assegurou que elas criam bacilos psíquicos, corpúsculos negros semelhantes a larvas, verdadeiras feras microscópicas, que comprometem os centros da vitalidade orgânico-espiritual, sendo causa de várias patologias.[87]

Entretanto, pode-se não cultivar estes vícios sobre os quais tradicionalmente incide a censura social, ou seja, pode-se não beber, não fumar, não falar palavrões, etc., e mesmo assim se ter um perispírito degradado, por exemplo, pela inveja, pelo ciúme, pela cólera, pelo rancor, pelo sensualismo, pela gula; enfim, pelos desequilíbrios socialmente invisíveis, mas vibratoriamente indisfarçáveis.

Toda atitude mental negativa compromete não só o perispírito que a expressa como os ambientes em que esse corpo espiritual vibra. Como já vimos, o perispírito está "encaixado" no corpo material, mas, sendo fluídico (energético), manifesta-se em volta da carne, donde influencia as ambiências externas. Compreende-se, desse modo, outro fato relatado pelo espírito André Luiz, o das aglutinações de matéria mental inferior, expelida por certa classe de pessoas. Essas aglutinações flutuam em grupos compactos pelas vias públicas, sendo, por vezes, atraídas pelos transeuntes em obediência à lei das afinidades.[88]

André Luiz conta-nos também um triste caso de obsessão espiritual gerada pelo alcoolismo. Quatro entidades embrutecidas se revezavam na absorção das emanações alcoólicas do aparelho digestivo de uma pessoa completamente embriagada... O quadro era tão estarrecedor que André Luiz afirma não saber se estava diante de uma pessoa embriagada ou de uma "taça viva", cujo conteúdo era sorvido por "gênios satânicos".[89]

O mesmo ocorre, mais ou menos gravemente, no que diz respeito a outros vícios. Ninguém os cultiva sozinho! Também por isso disse Jesus: "Vigiai e orai." (Mateus 26: 41.)

Genética

Todas as coisas estão interligadas. Nada é por acaso. Mesmo a constituição genética, a tão evocada hereditariedade, relaciona-se ao histórico espiritual de cada um, quer em seus aspectos positivos, quer negativos.

A reencarnação é um movimento morfogenético. O perispírito constitui fator decisivo de influência sobre os fenômenos embriológicos e vitais. Se um espírito, no seu perispírito, traz as resultantes dessas ou daquelas vicissitudes cultivadas em suas encarnações pretéritas, pode acontecer que se veja constrangido a manifestá-las mediante estruturas biológicas comprometidas. Muitas vezes, isso é necessário para depurar o corpo perispirítico e tornar mais consciente o ser imortal.

O próprio espírito é quem arregimenta as possibilidades genéticas oferecidas pelos gametas de seus pais, possibilidades que, evidentemente, estão relacionadas à sua condição perispirítica, na qual figuram dinamicamente "inscritos" os seus "registros" causais.

O espírito recebe dos pais terrenos o material genético; porém, ele é quem discrimina, combina e influencia a estrutura íntima desse material. A reencarnação obedece, portanto, a princípios de compatibilidade, de afinidade.

Sob eventual influência de espíritos-guias, o reencarnante, por meio do perispírito, exerce uma espécie de ação discriminatória dos genes paternos e maternos, para que sejam estes, conforme seus imperativos cármicos, os adequados instrumentos de sua manifestação corpórea na Terra.

O fato é que nós, espíritos, interagindo com o meio ambiente, também concorremos para as mutações genéticas que ocasionam a evolução biológica. O acaso não existe! Isto se dá pelas múltiplas reencarnações, nas particularidades da interatividade entre a energia (perispírito) e a matéria (corpo físico). Assim, construímos as estruturas cromossômicas mediante as quais nos temos manifestado, sempre recebendo da vida exatamente o que a ela demos.

O passado espiritual determina, portanto, a parte da obra multimilenar da evolução biológica que cabe a cada ser humano reencarnante na Terra. Se lhe é outorgada a saúde ou a doença, a capacidade ou a incapacidade, vale uma vez mais o princípio cristão que estabelece: "A cada um, segundo suas obras."

Em espiritismo, a hereditariedade está, como se vê, no campo dos efeitos e não no das causas. O perispírito é o modelo da organização biológica; a fôrma, por assim dizer, das formas corpóreas; um fator decisivo para a futura vitalidade física do reencarnante.

Podemos dizer sem medo que, do ponto de vista genético, o perispírito estabelece afinidade com os tipos de cromossomos e genes que a maneira de viver do espírito construiu e constrói no processo da sua contínua evolução, sempre em dois mundos: físico e extrafísico.

> (...) em virtude de cada espírito representar um universo por si, cada um de nós é responsável pela emissão das forças que lançamos em circulação nas correntes da vida. A cólera, o desespero, o ódio e o vício oferecem campo a perigosos germens psíquicos na esfera da alma. (...) Cumpre reconhecer que nós mesmos, em todo

> o curso das experiências terrestres, na maioria das ocasiões, fomos campeões do endurecimento e da perversidade contra as nossas próprias forças vitais. Entre abusos do sexo e da alimentação, desde os anos mais tenros, nada mais fazíamos que desenvolver as tendências inferiores, cristalizando hábitos malignos. Seria, pois, de admirar tantas moléstias do corpo e degenerescências psíquicas?[90]

Vemos assim que as doenças, sobretudo em seus aspectos expiatórios, têm por causas primeiras a cólera, o desespero, o ódio e o vício. O espiritismo, então, como nenhuma outra doutrina, demonstra que correlatas às leis físicas existem leis morais, um perfeito intercâmbio entre o conhecimento exato e a ação justa; a ciência e a consciência; a razão e a fé.

Capítulo Quatro

Do Cristianismo ao Espiritismo

Ao falar da doutrina cristã, o espiritismo não se refere às normas artificiais das teologias nem aos ensinos transmitidos nos recantos de uma pretensa paz, num isolamento que, na maioria das vezes, unicamente se presta ao cultivo do egoísmo e da inércia.

Um proletário humilde que promoveu a mais ampla revolução de que teve notícias a História, na lida do cotidiano espinhoso de um povo oprimido não apenas por invasores belicosos, mas também por suas próprias lideranças teocráticas. Este foi o Messias, aguardado desde Moisés e os profetas, o Cristo de Deus; um espírito puro, mas em plena arena da carne.

Nem sabemos o que dizer de toda essa ingenuidade que fomenta a visão de um Jesus que andava nas nuvens, incapaz de testemunhos viris, dos quais os evangelistas nos dão fidedigna conta. Esse Jesus que não expulsou os vendilhões do templo e nunca admoestou a hipocrisia dos fariseus há de ter morrido numa bem curtida velhice, e não como jovem vítima das instituições humanas, fundadas no desprezo pela verdade...

Em sua cautelosa razão crítica, Allan Kardec sempre nos preveniu contra os perigos de uma visão assaz mitificada de Jesus.[91] Atento às lições dos Evangelhos e certo da validade histórica dos relatos neles contidos, o codificador do espiritismo nada viu de contrário à pureza do espírito do mestre nas passagens evangélicas acima mencionadas, assim as comentando:

> Jesus expulsou do templo os mercadores. Condenou assim o tráfico das coisas santas sob qualquer forma. Deus não vende a sua bênção, nem o seu perdão, nem a entrada no reino dos céus. Não tem, pois, o homem, o direito de lhes estipular preço.[92]

> Estarão todas as seitas cristãs isentas das apóstrofes que Jesus dirigiu aos fariseus de seu tempo? Todas serão, assim em teoria, como na prática, expressão pura da sua doutrina?[93]

Por que não seriam, afinal, sublimes e mesmo serenas essas admoestações do mestre de todos os mestres? Mentes e corações obstinados na inércia moral não teriam disso necessidade? As crianças não entendem a amorosa energia empregada algumas vezes, por seus pais, para adverti-las. Entretanto, passado algum tempo, reconhecem-lhe a sabedoria. Não se pode atribuir a Jesus o descaso que nossa falsidade tem chamado até "educação", institucionalizando a tibieza.

J. Herculano Pires disse que "há mais serenidade no homem que defende com entusiasmo e calor os seus princípios do que no indivíduo falacioso, que procura serenamente as suas evasivas". E acrescentou: "É mais sereno o murro de uma verdade na mesa do que o palavreado untuoso da mentira na boca de um santo de artifício."[94]

Jesus não se limitou a pregar uma verdade. Ele viveu em conseqüência dela. Ao ensinar,[95] tornou-se o verbo legislador dos preceitos de nossa *consciência moral*. Ao viver, fez-se a encarnação excelente do *ego ideal* por essa consciência sugerido.

Nessa ótica de *expressões emprestadas a Freud* [1856-1939], talvez melhor entendamos a razão pela qual Nietzsche [1844-1900] afirmou que o único cristão morreu na cruz. À sua moda, percebeu que Jesus foi, de fato, "o tipo mais perfeito que Deus tem oferecido ao homem, para lhe servir de guia e modelo".[96]

As reencarnações, aperfeiçoando o ser imortal, conduzem-no a uma crescente integração — e não desintegração — com a divindade. O caminho dessa jornada é apertado.[97] Exige dos viajores a experiência do perdão[98] e do amor,[99] que os irá livrando da maior parte de si mesmos.[100] Por força da caridade irrestrita à qual se estarão convertendo, tornar-se-ão, aos poucos, veículos da perfeição divina.[101]

Assim se explica a assertiva do mestre a Nicodemos: "Na verdade, na verdade te digo que não pode ver o reino de Deus senão aquele que renascer de novo."[102]

A revolução de Jesus consistiu no rompimento com os paradigmas terrenos, em função dos celestes. Não foi a uma mulher samaritana que o Senhor revelou pela primeira vez, em público, seu messianato? Lembremo-nos de que se tratava de uma sociedade patriarcal. A mulher era vista como causa da perdição da raça humana. Não bastasse o fato de ser uma mulher, era samaritana, ou seja, de facção rival, cujos integrantes não adoravam a Deus no templo de Jerusalém. Isso a colocaria, frente a qualquer judeu da época, na posição de um ser desprezível; mas não diante daquele judeu especial, da cidade de Nazaré, na Galiléia.

À beira de um poço, na cidade de Sicar, o mestre disse à mulher samaritana que era chegada a hora em que não se haveria de adorar o Pai nem naquele monte nem em Jerusalém, mas que se aproximava a hora e já era chegado o tempo em que os verdadeiros adoradores o fariam em espírito e em verdade, porque assim o Pai deseja que sejam os seus adoradores. Afirmou-lhe Jesus que, sendo Deus espírito, em espírito e verdade devem adorá-lo os que o adoram.

Ao dizer-lhe a mulher: — Eu sei que está para chegar o Messias, isto é, o Cristo; quando ele vier, então nos ensinará todas as coisas —, o mestre nazareno declarou-lhe, solenemente: — SOU EU MESMO, QUE FALO CONTIGO.[103]

Por que motivo Jesus escolheu para exemplo de cumpridor da divina vontade, na parábola do bom samaritano,[104] o antagonista do fariseu a quem foi ela dirigida? Por que Jesus figurou a retidão de um samaritano como modelo de vida para um fariseu? Não estaria o mestre lançando solene admoestação ao preconceito? Jesus não estaria demonstrando que o julgamento divino não incide sobre ritos ou rótulos, e sim sobre relações de humanidade? O Senhor, afinal, resumiu toda a lei e os profetas a quê?... Eis aqui a resposta, a sua regra áurea: "(...) tudo o que vós quereis que vos façam os homens, fazei-o também vós a eles; esta é a lei e os profetas."[105]

As mútuas exclusões e impiedosas condenações que têm feito parte dos programas dos cristianismos não se justificam pelo cristianismo, isto é, pelo Evangelho (no grego, "boa nova") daquele a quem dizem representar na Terra.

São desnecessárias as práticas instituídas contrariamente aos ensinos de Jesus. A quantidade de oportunistas tripudiando da carência das nações, em todos os níveis generalizada, é um fato deplorável.

Espíritos incautos imaginam estar salvos da ira de um deus terrível e de um inimigo só existentes nas ficções de encalhadas teologias. Basta, dizem, pertencer a essa ou àquela facção religiosa, ostentar esse ou aquele rótulo doutrinário para estar justificado...

A cristandade ainda não se evangelizou! Este, o resultado da violência cultural perpetrada pelo cesarismo romano ao cristianismo de Jesus. A história dos cristianismos tem sido também a história dos escravizadores e salteadores, dos cultores de todos os tipos de violência. O cristianismo do Cristo, porém, não é obra dos concílios ecumênicos, fomentadores da "besta", nem de malogradas reformas, que constituíram da "besta" a fidedigna "imagem".[106]

> Essa pesada construção, que obstrui o caminho à humanidade, surgiu na Terra em 325 com o concílio de Nicéia, e foi concluída em 1870 com o Concílio de Roma. Tem por alicerce o pecado original e por coroamento a imaculada conceição e a infalibilidade papal.[107]

Ao Império Romano, solapado pelos bárbaros, tinha a Igreja substituído o Império do Ocidente, vasta e poderosa instituição em torno da qual toda a Idade Média gravitou. Nessa confedera-

> ção política e religiosa tudo desaparecia, e dela unicamente duas cabeças emergiam: o papa e o imperador, "essas duas metades de Deus".
>
> Jesus não havia fundado a religião do Calvário para dominar os povos e os reis, mas para libertar as almas do jugo da matéria e pregar, pela palavra e pelo exemplo, o único dogma de redenção: o Amor.[108]

A helenização da doutrina de Jesus seguiu seu curso conforme os desígnios do Alto. O *messias* judeu tornou-se o *cristo* grego. *Cristãos*, portanto, foram chamados os seguidores de um dos filhos de certo carpinteiro de nome José. Pelo alcance de suas vistas, que ia além do seu tempo e do nosso tempo, era muito diferente de seus irmãos e irmãs. De pronto, aquele jovem se fez incompreendido na pacata Nazaré da Galiléia, mesmo no seu obscuro lar, no seio de sua desafamada família. Aquele desprezado proletário, entretanto, era de fato a mais cara razão de ser de toda a secular atividade do profetismo de Israel: o Messias, o Cristo anunciado por Moisés e os profetas.

> Quem deu crédito ao que nos ouviu? e a quem foi revelado o braço do Senhor? — E subirá como arbusto diante dele, e como raiz que sai de uma terra sequiosa; ele não tem beleza nem formosura, e vimo-lo, e não tinha parecença do que era, e por isso nós o estranhamos. — Feito um objeto de desprezo, e o último dos homens, um varão de dores, e experimentado nos trabalhos; e o seu rosto se achava como encoberto, e parecia desprezível, por onde nenhum caso fizemos dele.[109]

Mesmo outros povos souberam antecipadamente da vinda de Jesus. Patrick Drouot reporta-se à espantosa descoberta, há mais de um século e meio, do *Tzolkin*, o calendário sagrado dos maias. Esse calendário compreende cinco mil anos de história (de 3100 a.C. a 2012 d.C.), em 13 períodos, chamados *Baktuns*, designados por um glifo e um nome. Conta o ilustre físico e místico que o *Baktun* correspondente ao século V a.C. é o de "o ensinamento sagrado". Exatamente a época do príncipe Gautama, o Buda! Já o *Baktun* do começo de nossa era é o de "aquele que foi ungido". Decerto, Jesus, o Cristo! Isto é, no grego, ungido, escolhido. O *Baktun* dos séculos XI e XII é o das "guerras santas". Incrível presciência![110]

Mas voltemos à doutrina de Jesus. Dizíamos que ela, devidamente helenizada, passou então a se chamar cristianismo.[111] E se considerada em seu nascedouro, nada tem de comum com os cristianismos hoje professados pelos homens, fétidos produtos do "fermento dos fariseus e saduceus".[112]

Após dez sangrentas perseguições, mediadas por períodos de mais ou menos 25 anos, o cristianismo foi legalizado por Constantino no ano 313 de nossa era, com a publicação do édito imperial de Milão.

A Igreja cristã, entretanto, por meio da ação corrupta de alguns de seus representantes, assentou-se sobre o aparelho estatal romano, absorveu seus vícios e tornou-se, dessa forma, um triste monumento ao fanatismo e à degradação. As atividades conciliares e os subseqüentes teologismos, pouco a pouco, foram desfigurando o sentido real da doutrina de Jesus.

Os cristãos, de perseguidos, passaram a perseguidores, dos mais cruéis e implacáveis de todos os tempos. Mas não eram verdadeiros cristãos. Não era o cristianismo do Cristo! Nascia o "mistério, a grande Babilônia, a mãe das prostituições e abominações da Terra",[113] a pseudo-Igreja cristã, oficializada em 391 por Teodósio.

Assentado sobre o aparelho estatal do Império romano surgia o Império papal. O bispo da cidade dos césares conquistava injustificável ascendência sobre toda a cristandade. O papado começava a ser instituído. As províncias imperiais romanas tornavam-se dioceses do clero. Era mesmo exata a figura profética do Apocalipse: o "dragão" (Roma imperial) dava à "besta" (Roma papal) o seu poder.[114]

> Onde ficou o Cristo? Numa posição intermediária do mito irracional da Trindade, dando origem a toda a mitologia cristã. Transformado em parte intrínseca de Deus, Jesus de Nazaré perdeu a sua personalidade própria, ensanduichado entre Deus e o Espírito Santo. O Deus uno de Jesus, o Pai, cuja concepção simples e clara abalou o mundo antigo e revelou a fraternidade universal dos povos e das raças, fragmentou-se em três pessoas, o que vale dizer em três deuses, iniciando a hierarquia da Igreja, que se prolongaria indefinidamente no tempo. Irracional em sua concepção sincrética e em sua estrutura, deformadora em sua visão do Cristo como homem e mito, a Trindade erigiu-se no mais profundo mistério da teologia cristã. Não se pode explicá-la. O Cristo revelador tornou-se agnóstico.[115]

No entanto, na ciência plena desse tão negro futuro, Jesus prometeu restabelecer seu próprio ensino, a despeito da deturpação a que seria submetido, porquanto nem mesmo a morte prevaleceria sobre essa verdade e seus propagandistas. O mestre anunciou a vinda do Consolador, o Espírito de Verdade, sua volta espiritual mediante a doutrina codificada por Allan Kardec.[116]

Esse fato é mencionado no Apocalipse como o anúncio de "um Evangelho eterno",[117] que leva o "Céu" e os "santos apóstolos e profetas" a se alegrarem.[118] Após esse anúncio, um "anjo" sentencia: "Caiu, caiu Babilônia, aquela grande cidade que a todas as nações deu a beber do vinho da ira da sua prostituição."[119]

De fato, com o advento do espiritismo houve uma queda conceitual de todos os sistemas que integram a falsa religião, ou seja, de todas as construções dogmáticas resultantes daquela violência cultural da Roma dos papas contra a doutrina genuinamente cristã. A violência perpetrada ao cristianismo do Cristo pelo Estado romano gerou as "abominações e prostituições da Terra",[120] sendo causa direta de uma orientação moral e religiosa deficiente. Em razão de sua irracionalidade subjugadora, gerou extremas perversidades.

O espiritismo, mais do que cristão, é o restabelecimento do cristianismo; não o dos homens, mas o do Cristo. Sem confundirmos suas identidades, as diferenças entre o cristianismo de Jesus e o espiritismo se limitam a nomes e métodos de estabelecimento. Manifestam, porém, uma única Verdade, uma única ascendência espirítica: Jesus. Chegados os tempos do restabelecimento de todas as coisas, o Céu não pôde mais reter o Cristo. O mestre, em espírito, veio pois até nós, como houvera prometido.[121]

Muitos, entretanto, mobilizam-se a fim de que essa verdade não seja reconhecida. Costumeiro, então, que se diga que os espíritas não

são cristãos e que o Evangelho seria apenas essa mensagem veiculada aos impulsos da biblística, numa extrema paixão da letra.

Ignora-se, porém, que Jesus está livre! Nunca o mestre dependeu de páginas remexidas por copistas para ser absoluto Senhor da vida. O Evangelho não é mais prisioneiro das escrituras, mas ressonância das próprias vozes do Céu! E elas nos convidam, antes de tudo, a praticá-lo, mais do que a discuti-lo.[122]

> *A perseguição é o batismo de toda idéia nova, grande e justa* e cresce com o desenvolvimento e a importância da idéia. O furor e o desabrimento dos seus inimigos são proporcionais ao temor que ela lhes inspira. Tal a razão por que o cristianismo foi perseguido outrora e por que o espiritismo o é hoje, com a diferença, todavia, de que aquele o foi pelos pagãos, enquanto o segundo o é por cristãos.[123]
>
> Os espíritas, cuja doutrina é a do Cristo de acordo com o progresso das luzes atuais, são tratados como os judeus que reconheciam em Jesus o messias (...). Aliás, fomos avisados de que tudo hoje tem que se passar como ao tempo do Cristo.[124]

Doutrina filosófica de bases científicas e efeitos religiosos,[125] o espiritismo é o único sistema capaz de acompanhar o inusitado das empreitadas humanas no rumo de suas transcendências, de seus intrépidos avanços. Antes conhecimento do que crença, o espiritismo desenha o delicado traço de união, proporciona a elevada temperatura de fusão entre a ciência e a consciência, liberta por ele do moralismo dogmático das religiões institucionalizadas.[126]

A doutrina espírita demonstra, em face mesmo de todas as transformações, o quanto permanecem incólumes as verdades que de fato tenham sido reveladas pelo mestre dos mestres.

> Nenhuma concepção religiosa, nenhuma forma cultural é imutável. Dia virá em que os dogmas e cultos atuais irão reunir-se aos destroços dos antigos cultos; o ideal religioso, porém, não há de perecer; os preceitos do Evangelho dominarão sempre as consciências, como a grande figura do Crucificado dominará o fluxo dos séculos.[127]

Capítulo Cinco

Evangelho e Doutrina Espírita

Evangelho é vivência quotidiana. Mas como integrar a nossas vidas algo que desconhecemos? O estudo da doutrina espírita propicia a mais perfeita compreensão da boa nova de Jesus, melhor indicando os campos e os critérios de sua aplicabilidade. Veja-se o subtítulo de *O evangelho segundo o espiritismo*: "A explicação das máximas morais do Cristo em concordância com o espiritismo e suas aplicações às diversas circunstâncias da vida."

Essa, a razão pela qual as recentes iniciativas visando à erradicação da fome já encontraram os espíritas nas ruas, avenidas e becos das cidades brasileiras há décadas, promovendo a cidadania dos que, esquecidos pelos poderes humanos, são lembrados dos poderes divinos. As casas espíritas contam, por isso, com departamentos de assistência e promoção social, sempre envidando esforços para amparar, esclarecer e encaminhar; dando, sim, o peixe aos que efetivamente dele careçam, mas, sem dúvida, ensinando-os a pescá-lo.

As campanhas do quilo, as visitas a asilos, presídios e hospitais, o atendimento fraterno, o socorro pela prece e pelo passe, o estudo e a divulgação ao mundo do Evangelho redivivo de Jesus Cristo na doutrina codificada por Allan Kardec... São inúmeras as oportunidades oferecidas a quem quer que, tocado por essa mensagem de justiça, amor e imortalidade, se disponha a sair de seu "universo umbilical" para trabalhar de fato com o mestre dos mestres.

Agora que Jesus voltou, temos de caminhar ao seu lado, e terminar de percorrer, com ele, todas as aldeias da Terra!

Se nos Evangelhos há o que Jesus nos falou outrora, geralmente em parábolas, na doutrina espírita temos o que ele mesmo nos fala hoje, sem figuras.[128] Isto é o espiritismo entendido em suas puríssimas fontes, em seus gloriosos ascendentes!

O espírita, em geral, permite-se estudar a Bíblia, mas os demais religiosos não se permitem estudar o espiritismo, senão para combatê-lo. Erro grave. A doutrina dos espíritos é tão importante quanto a Bíblia, na medida em que lhe revela o sentido profundo.

Demonstrando as relações existentes entre o princípio espiritual e o princípio material, o espiritismo esclarece muitos porquês da vida, seus mecanismos "ocultos", que os séculos consagraram como "insondáveis" de Deus.

Sem a luz da interpretação espírita, a Bíblia é praticamente uma rede de absurdos e contradições, dúvidas e terrores. À luz do espiritismo, todavia, é um belíssimo repositório de sublimes verdades que grandemente contribuem para a nossa elevação e instrução.[129]

A doutrina espírita não cogita de arregimentar adeptos, mas de iluminar as consciências com as luzes da verdade aceita livremente, porque fundamentada na solidez de lúcidas razões.

Por esse prisma, a Codificação de Allan Kardec ressuscita o cristianismo do Cristo das cinzas dos obscurantismos; indica o caminho da solução de nossos problemas atacando suas verdadeiras causas; devolve à doutrina de Jesus sua dimensão de libertadora da criatura humana, libertação de todas as formas de escravização ao egoísmo e à prepotência.

O espiritismo não é, pois, contrário à Bíblia, se entendida em seu espírito, em seu sentido profundo. Nem o poderia! Desse espírito, desse sentido profundo da Bíblia, a doutrina espírita é a mais clara representação.

Jesus não virá literalmente sobre as nuvens do céu, para ressuscitar das tumbas os mortos e dar a vitória aos "fiéis", qual se fora uma terrível ira dos ares. O mestre dará sempre a "coroa da vida" a todos quantos permanecerem "fiéis até a morte",[130] não importando quais sejam seus credos religiosos. O julgamento divino leva em conta apenas relações de humanidade, nunca ritos e rótulos.

Esse novo movimento apostólico que Jesus e os espíritos superiores (seus "anjos") fundaram na Terra ao instituírem a doutrina codificada por Kardec tem, de fato, uma vantagem sobre a sua primitiva forma na Palestina distante: a de que não veicula, com as verdades eternas, os mitos da incompreensão de outrora. Elevados à condição de dogmas de fé, são esses mitos fabulosos a causa das infindáveis contendas entre os cristianismos e, por conseguinte, entre as religiões.

Distinguindo, mediante fatos, a verdade do erro, o espiritismo restabelece e desenvolve os ensinos de Jesus, os quais, naquela oportunidade, mesmo seus discípulos não puderam compreender sem a mescla de algumas idéias mais ou menos equívocas.

O mito da existência de uma perfeita unidade doutrinária no cristianismo primitivo tem constituído um dos mais graves óbices ao entendimento do fenômeno cristão no processo histórico. Mesmo o movimento espírita parece não ter atentado a esse pormenor, a despeito da clareza com que Allan Kardec o expôs.

Lembrou-nos o codificador de que Jesus nunca escreveu nada sobre si ou sua doutrina; das diferenças, pelo menos formais, entre os discursos registrados pelos evangelistas; e se reportou ainda ao problema das traduções sucessivas, sempre aparentemente dispostas a alterar o sentido original das coisas.[131]

Mesmo com seus apóstolos, Jesus não pôde usar, digamos, de uma precisão matemática. Isso é que deu ensejo, segundo Kardec, a interpretações antagônicas de muitas de suas palavras, "até que a ciência, de um lado, e o espiritismo, de outro, revelassem as novas leis da natureza, que lhes tornaram perceptível o verdadeiro sentido".[132]

O fato é que uma compreensão mais completa da doutrina cristã, por menos que se o queira admitir, ficou reservada apenas à posteridade. E considerando que o próprio Jesus afirmou "Ainda tenho muito que vos dizer; mas vós não o podeis suportar agora" (João 16: 12), Allan Kardec proclamou corajosamente:

> (...) desde que Jesus não disse tudo a seus apóstolos, os sucessores destes não poderão ter sabido mais do que eles com relação ao

> que foi dito (...). As religiões que se fundaram no Evangelho não podem, pois, dizer-se possuidoras de toda verdade, porquanto, ele, Jesus, reservou para si a completação ulterior de seus ensinamentos. O princípio da imutabilidade, em que elas se firmam, constitui um desmentido às próprias palavras do Cristo.[133]

Catedrático do Departamento de Estudos Bíblicos do Seminário Teológico de Princeton (New Jersey — EUA), o professor J. H. Charlesworth afirma: "Temos de reconhecer que o Novo Testamento e, talvez, toda a teologia cristã se desenvolvem da tensão entre a tradição e a adição, entre história relembrada e fé articulada."[134]

Desse modo, não basta conhecermos as escrituras e nos demorarmos indefinidamente no estudo de suas matérias. É absolutamente imperioso que nos cientifiquemos da Codificação Kardeciana. Sua estatura é a de uma revelação da lei de Deus: a terceira delas.

O espiritismo estabelece de novo, instaura novamente, o cristianismo do Cristo. Não é só uma recordação do que as escrituras consagraram mais ou menos fielmente como a doutrina de Jesus, acima e além disso é de tal doutrina uma nova instauração, um novo estabelecimento.[135]

O próprio Jesus, em espírito, dignou-se atender às rogativas angustiadas de nosso tempo. Os fundamentos metodológicos desse acontecimento singular, que uniu ciência e consciência, razão e fé, se assentam na Codificação Espírita. Este, o motivo que levou Allan Kardec a dizer que o espiritismo é a doutrina do Cristo de acordo com o progresso das luzes atuais; e, no mesmo sentido, Léon Denis a afirmar que a doutrina espírita é uma volta ao cristianismo primitivo, porém sob mais precisas formas.[136]

Exatamente por ser o restabelecimento do cristianismo do Cristo, o espiritismo não é uma reforma. Não teve como ponto de partida uma reinterpretação das escrituras ou uma reavaliação do papel das Igrejas cristãs. A doutrina espírita, assim, independe dos vícios de qualquer tradição teológica. Ela resulta, diretamente, do ensino espiritual de Jesus e seus prepostos, codificado por Allan Kardec.

Quis a Providência Divina que o espiritismo, antes de tudo, fosse uma ciência constituída, um conhecimento estabelecido. Somente depois de instituída a doutrina, em suas bases racionais e empíricas, é que apareceram, como aplicabilidade do saber espírita, suas interpretações da Bíblia e dos Evangelhos. Houve, desse modo, uma segura decodificação, um inusitado desvelamento de nossas razões culturais e espirituais mais profundas, que estavam sob a letra bíblico-evangélica.

Mediante a interpretação espírita das escrituras, Allan Kardec conseguiu separar dos mitos a realidade histórica, sem destruir a idéia do espírito. Ele triunfou naquilo em que o materialismo, negando a espiritualidade, sempre havia fracassado. A moral cristã, bem compreendida, foi assim elevada à condição de lei da natureza.

Com a teologia espírita, que se estende por toda a Codificação de Allan Kardec, aconteceu uma ruptura do arcabouço literal bíblico. Em outras palavras, o "espírito que vivifica" foi definitivamente liberto da "letra que mata". E tudo isso sem tratados pretensiosos ou complexos e quase inacessíveis sistemas de filosofia.[137]

Capítulo Seis

As Três Grandes Revelações

Da mesma forma que o Cristo se baseou em Moisés e no antigo profetismo de Israel, o espiritismo se funda, do ponto de vista escriturístico, na promessa de Jesus: um outro Consolador seria enviado a este mundo em seu nome.[138]

A Tora e os profetas, bem como o Evangelho, foram as duas primeiras revelações da vontade (ou lei) divina, codificadas no que aprendemos a chamar Bíblia Sagrada (Velho e Novo Testamento). O espiritismo, desse modo, integra o complexo civilizatório judaico-cristão, sendo "a terceira manifestação da vontade de Deus", ou "a terceira revelação da lei de Deus".[139]

A doutrina espírita corporificou o cumprimento da promessa de Jesus. Ela teve o seu advento preparado por duas grandes revelações, às quais está profeticamente vinculada. Os estudiosos atentos ao legado kardeciano não se podem conservar indiferentes a esta realidade: antes mesmo que o espiritismo fosse a doutrina codificada por Allan Kardec, já era o Consolador por Jesus prometido.[140]

São três as grandes revelações da lei de Deus numa perspectiva cultural judaico-cristã. Noutras, evidentemente, o número delas pode diminuir ou aumentar. Entretanto, a imparcialidade sempre reconhecerá no espiritismo a chave do entendimento não só das duas revelações que lhe prepararam o advento, mas, como disse Kardec, de todas as demais, "desde Confúcio e Buda até o cristianismo".[141]

As grandes revelações são movimentos organizados pelos planos superiores da vida em resposta às necessidades de avanço intelecto-moral. Mesmo difundidas em seqüência lógica, nem sempre lhes apreendem o caráter intrínseco: justiça, amor, imortalidade.

Tudo se relaciona à evolução anímica dos povos, cujo motor oculto é a lei geral da reencarnação. Jesus "falou de tudo, mas em termos mais ou menos implícitos".[142] Segundo o próprio Cristo, muitas coisas ainda não podiam ser compreendidas naqueles tempos.[143] Mesmo os ensinos fundamentais da lei e dos profetas não haviam sido devidamente apreendidos: amor a Deus e ao próximo.

Jesus, portanto, de uma forma implícita, assinalou que o gênero humano haveria de avançar mais na senda do progresso, a fim de que pudesse entender muitas outras coisas que ele mesmo tinha a dizer. Certa feita, dirigindo-se aos fariseus, afirmou:

> Não julgueis que sou eu que vos hei de acusar diante de meu Pai; Moisés, em que vós confiais, é que vos acusa. — Porque se vós crêsseis em Moisés, creríeis também em mim; porque ele escreveu de mim. — Porém, se vós não dais crédito aos seus escritos, como haveis de dar crédito às minhas palavras?[144]

E de fato Moisés havia profetizado a vinda de Jesus. Basta conferirmos o livro de Deuteronômio, 18: 15-19.

Muito importante, contudo, é que façamos distinção entre a lei civil de Moisés e a lei de Deus: os dez mandamentos. A primeira era apropriada aos costumes de um povo nômade, empenhado sobretudo nas conquistas dos bens terrenais. Nada tinha, portanto, de sagrada. A segunda, esta sim, tinha a sua observância sempre recomendada nas exortações do mais alto profetismo.

A lei civil de Moisés era humana, mutável, ainda que o legislador lhe atribuísse caráter divino, para que fosse respeitada. Mas a lei divina não era de Moisés. Ela continua imutável porque é essência do Pai, sua imanência na criação. Por esse motivo, Kardec a definiu como "farol da humanidade" e "base do edifício do Cristo".[145]

Jesus demonstra que não estariam preparados para acompanhar mais uma etapa da seqüência das revelações — o Evangelho — aqueles que não houvessem apreendido os resultados da missão de Moisés e dos profetas, que não houvessem assimilado a noção básica de justiça, fundada no amor a Deus e ao próximo.

Enquanto a lei antiga prescreve amarmos o próximo como a nós mesmos (Levítico 19: 18), Jesus é o testemunho vivo de como devemos amar o próximo mais que a nós, pois o mestre não nos amou como amava a si mesmo, e sim mais ainda que a si próprio...

> Eu dou-vos um novo mandamento: que vos ameis uns aos outros, *assim como eu vos amei*, para que vós também mutuamente vos ameis. — Nisto conhecerão que sois meus discípulos, se vos amardes uns aos outros.[146]

> O meu mandamento é este: Que vos ameis uns aos outros, *assim como eu vos amei.* — Ninguém tem maior amor do que este, de dar alguém a sua vida pelos seus amigos. — Vós sois meus amigos, se fizerdes o que eu vos mando.[147]

> Isto vos mando: que vos ameis uns aos outros.[148]

Jesus estabeleceu uma sutil relação de consecutividade entre ambos os ensinos. A lei e os profetas eram uma espécie de prefácio do Evangelho. Por isso, o mestre disse aos fariseus que, não dando crédito aos escritos atribuídos a Moisés, não o poderiam dar igualmente às suas palavras. Uma coisa dependia profeticamente da outra.

Na doutrina de Jesus havia mais do que na lei antiga. Razão pela qual o mestre afirmou não ter vindo para destruir ou abolir, mas para "aperfeiçoar", para "completar" a lei e os profetas. Estes, ao menos, são os significados mais exatos para o original grego: *plerosai*, e a versão latina: *adimplere*,[149] a despeito de a tradição haver consagrado a forma "cumprir".[150]

Se acreditarmos, porém, que o mestre somente "cumpriu" a lei e os profetas, nada lhes acrescentando nem mesmo suprimindo, como entenderemos não haver consentido no apedrejamento da mulher adúltera?[151] Era o que a lei mosaica prescrevia.[152] De que jeito entenderemos as famosas adversativas do Cristo no Sermão da Montanha: "Ouvistes o que foi dito [na lei] (...). Eu, porém, digo-vos (...)."?[153] Allan Kardec assim elucida o assunto:

> Não veio Jesus modificar a lei mosaica, fazendo da sua lei o código dos cristãos?
>
> Não disse ele: "Vós sabeis o que foi dito aos antigos, tal e tal coisa, e eu vos digo tal outra coisa?" Entretanto Jesus não proscreveu, antes sancionou a lei do Sinai [os dez mandamentos], da qual toda a sua doutrina moral é um desdobramento.[154]

> O Cristo, tomando da antiga lei o que é eterno e divino e rejeitando o que era transitório, puramente disciplinar e de concepção humana, acrescentou a revelação da vida futura, de que Moisés não falara, assim como a das penas e recompensas que aguardam o homem depois da morte.[155]

Jesus revogou o barbarismo de algumas leis civis de Moisés e deu seqüência ao processo de compreensão das leis divinas propriamente ditas. Transferiu as prioridades éticas da aparência para a essência, do exterior para o interior, do material para o espiritual. Isso já era prescrito pela lei e os profetas, mas timidamente.[156]

O mestre dos mestres não apenas restabeleceu o verdadeiro sentido das mais altas exortações do antigo profetismo, desfigurado pelo sacerdócio organizado da época, como também desenvolveu tal sentido... Até porque Jesus era, ele mesmo, esse sentido mais profundo, a mais cara razão de ser do profetismo: o próprio Messias!

O espiritismo, voz atual do Cristo, vem imprimir mais gravidade ao processo de compreensão das divinas leis, sem nada suprimir da doutrina do Evangelho, da qual não é uma melhoria, mas "o desenvolvimento e a aplicação".[157]

Esta é a seqüência progressiva das revelações, na eterna verdade de seu caráter essencial: formas variantes traduzindo cada vez mais articuladamente uma essência invariável...

Façamos da verdade um espírito e das revelações, corpos. É como se ela encarnasse em corpos cada vez mais aptos a manifestá-la a uma compreensão mais avançada. Embora a verdade não mude, a visão que dela tem o homem se transforma. No Velho Testamento, é obrigada a assumir um corpo rústico, em que o fulgor de sua pujança quase se apaga ante as contradições das formas. No Novo Testamento, sobretudo nos Evangelhos, atinge maior agilidade, dinamiza-se num corpo mais aperfeiçoado, mas que ainda a impede de se manifestar plenamente, em razão das intervenções a que o prestígio do mito ali a submeteu. Na Codificação Espírita, alcança, por fim, sua encarnação num corpo mais apto a melhor manifestar-lhe o brilho inusitado, a força inconsiderada. Desnecessário ser um vidente entre cegos para identificar a verdade na obra de Kardec. Nessa espécie de monte Sinai conceitual, somos todos Moisés a contemplá-la face a face!

E depois do espiritismo? Aguardar outra revelação da lei? Uma nova encarnação da verdade? Talvez a quarta revelação? A tais questões respondemos negativamente, porque Jesus afirmou que o Consolador permaneceria eternamente conosco. (João 14: 15-17.) Por isso é que a doutrina espírita é uma revelação definitiva. O que não quer dizer, contudo, que seja imobilista. Definitiva ela o é no sentido de não anunciar o surgimento de outra doutrina que venha, especificamente, para complementá-la, como a lei e os profetas fizeram em relação ao Evangelho, e este em relação ao espiritismo.

Allan Kardec deixou todas as portas abertas ao futuro ao assegurar que "caminhando de par com o progresso, o espiritismo jamais será ultrapassado". Disse que a doutrina aceitará as verdades novas que forem comprovadas e que se retificará caso necessário.[158] O codificador afirmou também que o espiritismo "assimilará todas as idéias reconhecidamente justas, de qualquer ordem que sejam, físicas ou metafísicas". Essa postura, segundo ele, assegurará a perpetuidade da doutrina, que, então, "ao invés de ser absorvida, absorverá".[159]

Tudo isso, porém, sempre mediante uma visão genuinamente universalista, nunca sincrética. Em espiritismo, acontece, sim, a assimilação de diversos elementos novos da cultura, mas seletivamente, jamais por sincretismos exóticos.[160] Tal é o que ressalta do pensamento de Allan Kardec, assim exposto em *A gênese*, Capítulo I, nº 55, para o qual chamamos a atenção do leitor de modo especial:

> O espiritismo não estabelece como princípio absoluto senão o que se acha evidentemente demonstrado, ou o que ressalta logicamente da observação. Entendendo-se com todos os ramos da economia social, aos quais dá o apoio das suas próprias descobertas, assimilará sempre todas as doutrinas progressivas, de qualquer ordem que sejam, desde que hajam assumido o estado de *verdades práticas* e abandonado o domínio da utopia, sem o que ele se suicidaria. Deixando de ser o que é, mentiria à sua origem e ao seu fim providencial.

Conclusão

O espiritismo tem apresentado em seu esquema doutrinário de totalidade, pioneiramente, as mais avançadas propostas de relação entre a integridade humana e a universal. Em face disso, iniciantes e iniciados devem compreender que o espiritismo não necessita, propriamente, de renovação. O movimento espírita, este sim, é que precisa colocar-se sempre à altura da doutrina que diz professar, evitando certos desvios no seu natural processo de desenvolvimento.

A fim de que o espiritismo não deixe de ser o que ele é, e, como temia Allan Kardec, não termine mentindo à sua origem e ao seu fim providencial, o iniciante e o iniciado devem perceber o sentido oportuno e profundo destas palavras do professor J. Herculano Pires, o maior filósofo espírita do século XX, com as quais nos despedimos fraternalmente:

> A evolução da doutrina espírita, o seu desenvolvimento real, só podem ser realizados em termos de *pesquisa científica* e *análise filosófica*, por criaturas lúcidas, equilibradas, conscientes de suas possibilidades e seus limites, conhecedoras das exigências do processo

científico. Fora dessas condições só poderemos desfigurar a doutrina e ridicularizá-la aos olhos das pessoas de bom-senso e culturalmente capacitadas (...). O espiritismo é uma doutrina que abrange todo o conhecimento humano, acrescentando-lhe as dimensões espirituais que lhe faltam para a visualização da realidade total. O mundo é o seu objeto, a razão é o seu método e a mediunidade é o seu laboratório.[161]

Notas

1. *O que é o espiritismo?* Cap. I — Pequena conferência espírita. Segundo diálogo. O céptico. Elementos de convicção.
2. *O livro dos médiuns*, 35.
3. *O espírito e o tempo. Introdução antropológica ao espiritismo.* Preliminares.
4. *Nós somos todos imortais.* Cap. V — Os Estados Superiores de Consciência e a Ciência. As razões da mudança, pp. 192-3.
5. *Introdução à filosofia espírita.* Cap. II, nº 2.
6. *Curso dinâmico de espiritismo. O grande desconhecido*, p. 1.
7. *Introdução à filosofia espírita.* Cap. II, nº 2.
8. *A gênese.* Frontispício.
9. *Ibid.*, XIII:4.
10. *Ibid.*, XIII:18.
11. 2 Coríntios, 3:6.
12. *O evangelho segundo o espiritismo*, XV:8 e 9.
13. Drouot, *Memórias de um viajante do tempo.* Cap. 2 — Viagens temporais e reencarnação. Os mistérios do tempo, p. 66.
14. O *livro dos espíritos.* Introdução, VII.

15. *O evangelho segundo o espiritismo*, I:8. Colchetes nossos.
16. Kardec, *O livro dos espíritos*. Introdução, XVI.
17. *Id., ibid.*
18. *Nós somos todos imortais*. Palavras prévias.
19. *Introdução à filosofia espírita*. Cap. IV, p. 47. Colchetes nossos.
20. Kardec, *O livro dos espíritos*. Conclusão, VI.
21. Kardec, *O que é o espiritismo*. Cap. I — Pequena conferência espírita. Segundo diálogo. O cético. Interdição do espiritismo.
22. *O livro dos espíritos*. Lake, 55ª ed., 1996. Introdução a *O livro dos espíritos*. A dialética espírita, p. XVI. Colchetes nossos.
23. Kardec, *O livro dos espíritos*, 135.
24. Kardec, *O livro dos médiuns*, 55.
25. *1* Coríntios, 15:49.
26. Kardec, *O que é o espiritismo*, 108.
27. Drouot, *Nós somos todos imortais*. Introdução, p. 30.
28. *O livro dos espíritos*. Introdução, IV.
29. Comunicação dos espíritos por pancadas convencionadas e por sinais combinados.
30. *O livro dos espíritos*. Introdução, V.
31. Kardec, *O livro dos médiuns*, 226, 1ª; 223, 19ª.
32. *Ibid.*, 236.
33. *O livro dos espíritos*. Introdução, XVI.
34. *O livro dos médiuns*, 163 e 175.
35. *Ibid.*, 223, 7ª à 10ª.
36. *Ibid.*, 172.
37. *Id., ibid.*
38. *Ibid.*, 173.
39. *Ibid.*, 163 e 175.

40. *A gênese*, XIII:9.
41. KARDEC, *O livro dos médiuns*, 223, 19ª; 226, 1ª.
42. *Ibid.*, 220, 14ª, e 306.
43. *Ibid.*, 237.
44. Veja-se o nosso livro *Com quem falaram os profetas? Fundamentos bíblicos da fenomenologia espírita* (Lachâtre, 2000).
45. BOZZANO, *Povos primitivos e manifestações supranormais.*
46. Cf. KARDEC, *O evangelho segundo o espiritismo.* Introdução, II — Autoridade da doutrina espírita. Controle universal do ensino dos espíritos.
47. *O livro dos médiuns*, 227.
48. *Ibid.*, 232.
49. *A gênese*, XIV:16.
50. *Ibid.*, XIV:5.
51. *Ibid.*, XIV:17.
52. *Id., ibid.*
53. KARDEC, *A gênese*, XIV:7.
54. *Ibid.*, XIV:21.
55. *Id., ibid.*
56. *O evangelho segundo o espiritismo*, XXVIII:84.
57. *Obras póstumas.* Segunda parte. Constituição do espiritismo, X.
58. *O livro dos espíritos*, 554.
59. *A cidade antiga. Estudos sobre o culto, o direito, as instituições da Grécia e de Roma.* Cap. II — O culto dos mortos. Destaques nossos.
60. *Reencarnação e imortalidade. Das vidas passadas às vidas futuras.* Cap. 7, pp. 129-130.
61. *O centro espírita.* Cap. I, p. 5.
62. *O livro dos médiuns*, 130.

63. *A gênese*, XV:25.
64. Kardec, *O livro dos médiuns*, 131.
65. Kardec, *A gênese*, XIV:32.
66. *Ibid.*, XIV:33.
67. *O céu e o inferno*, 2ª parte, capítulo I, nº 15.
68. Kardec, *Obras póstumas*. Primeira Parte. Manifestações dos Espíritos, § 1º — O perispírito como princípio das manifestações, números 9 a 12.
69. Kardec, *O evangelho segundo o espiritismo*, XXVIII:84. Observação.
70. Kardec, *O livro dos médiuns*, XXXII.
71. Veja-se o nosso livro *Reencarnação: lei da Bíblia, lei do Evangelho, lei de Deus* (Lachâtre, 1999).
72. Cf. Kardec, *O livro dos espíritos*. Parte segunda, V — Considerações sobre a pluralidade das existências. *O evangelho segundo o espiritismo*. Introdução, II — Autoridade da doutrina espírita. Controle universal do ensino dos espíritos.
73. *O livro dos espíritos*, 540. Tradução de J. Herculano Pires, Lake, 55ª ed., 1996. Cf. 607 e 607-a. Colchetes nossos.
74. *Ibid.*, 607.
75. *Ibid.*, 607-a.
76. *Ibid.*, 612. Colchetes nossos.
77. Kardec, *A gênese*, XV:15.
78. Cf. Kardec, *O livro dos espíritos*. Introdução, VI e VII.
79. *O evangelho segundo o espiritismo*, V:9. *O livro dos espíritos*, 268.
80. Cf. Kardec, *O livro dos espíritos*, 871.
81. Cf. Kardec, *O livro dos espíritos*, 133. *A gênese*, XI:26.
82. *A gênese*, XI:17-18.
83. *Id., ibid.*

84. Kardec, *O livro dos espíritos*, 907.
85. *No invisível*, cap. XIX, p. 258.
86. Kardec, *O livro dos espíritos*, 908.
87. *No mundo maior*, cap. XIV, p. 196. *Os mensageiros*, cap. 40, p. 211. *Missionários da luz*, caps. 3 e 4.
88. *Os mensageiros*, cap. 40, pp. 210-11.
89. *No mundo maior*, cap. XIV, p. 196.
90. André Luiz (espírito). *Missionários da luz*, cap. 4, pp. 38-39. Psicografia de Francisco Cândido Xavier.
91. *A gênese*, XVII:2.
92. *O evangelho segundo o espiritismo*, XXVI:6.
93. *A gênese*, XVII:26.
94. *O ser e a serenidade*. Cap. II — A aproximação da serenidade.
95. Marcos, 1:38.
96. Kardec, *O livro dos espíritos*, 625.
97. Mateus 7:13-14.
98. Mateus 6:14-15; 18:21-22.
99. Mateus 22:37-40. João: 13:34-45.
100. Mateus: 16:24.
101. 1 João 4:8. Colossenses 3:14.
102. João 3:3. Observação: Veja-se o capítulo três do nosso livro *Reencarnação: lei da Bíblia, lei do Evangelho, lei de Deus* (Lachâtre, 1999).
103. João 4:21-26.
104. Lucas 10:25-37.
105. Mateus 7:12.
106. Apocalipse 13; 14:9, 11.

107. Denis, *Cristianismo e espiritismo*. Cap. VI, p. 71.
108. *Ibid.* Prefácio da ed. francesa de 1910, p. 21.
109. Isaías 53:1-3.
110. *Memórias de um viajante do tempo*. Cap. 7 — Contatos angélicos. Convergências harmônicas e visões do futuro, p. 215.
111. Emmanuel (espírito). *Paulo e Estevão*. Segunda parte, cap. IV, pp. 318-9. Psicografia de Francisco Cândido Xavier.
112. Mateus 16:6.
113. Apocalipse 17:7.
114. *Ibid.*, 13:4.
115. Pires, *Revisão do cristianismo*. Cap. II, p. 12.
116. João 14:15-18, 25-26; 15:26-27; e 16:7-15, 25. Observação: Vejam-se os nossos livros *O espírito das revelações. Fundamentos da relação entre o espiritismo e o cristianismo do Cristo* (Lachâtre, 2001) e *Meu novo nome. A identidade profética da doutrina espírita*. (CELD, 2003).
117. Apocalipse 14:6-7.
118. Apocalipse 18:20.
119. *Ibid.*, 14:8 e 18:2.
120. *Ibid.*, 17:5.
121. Atos 3:21. *João*, 14:18. Observação: Veja-se o capítulo vinte do nosso livro *Reencarnação: lei da Bíblia, lei do Evangelho, lei de Deus* (Lachâtre, 1999), bem como nossos livros *O espírito das revelações. Fundamentos da relação entre o espiritismo e o cristianismo do Cristo* (Lachâtre, 2001) e *Meu novo nome. A identidade profética da doutrina espírita* (CELD, 2003).
122. Kardec, *O evangelho segundo o espiritismo*. Introdução, I.
123. Kardec, *O evangelho segundo o espiritismo*, XXVIII:51.

124. Kardec, *A gênese*, XV:25.

125. Kardec, *O livro dos espíritos*. Conclusão, VII. *Obras póstumas*. Primeira parte. Ligeira resposta aos detratores do espiritismo.

126. Kardec, *O evangelho segundo o espiritismo*, I:8. *O céu e o inferno*, 2ª parte, I:2.

127. Denis, *Cristianismo e espiritismo*. Cap. XI, p. 254.

128. João 16:25.

129. Kardec, *O livro dos espíritos*, 628.

130. Apocalipse 2:10.

131. *A gênese*, XVII:26 e 45.

132. *O evangelho segundo o espiritismo*, XXIV:6.

133. *A gênese*, XVII:37.

134. *Jesus dentro do Judaísmo*. Cap. 1, p. 28.

135. Re-estabelece > restabelece. Re-instaura > restaura.

136. *A gênese*, XV:25. *Cristianismo e espiritismo*, cap. II, p. 35.

137. 2 Coríntios 3:6. Cf. Pires, *O espírito e o tempo. Introdução antropológica ao espiritismo*. Segunda parte, cap. II, nº 4. Terceira parte, cap. IV, nº 3.

138. João 14:15-18, 25-26; 15:26-27; e 16:7-15, 25.

139. Kardec, *O evangelho segundo o espiritismo*, I:6. *A gênese*, I:20. *Obras póstumas*. Primeira parte. O egoísmo e o orgulho. Suas causas, seus efeitos e os meios de destruí-los.

140. Kardec, *O evangelho segundo o espiritismo*, I e VI. *A gênese*, I:20-30 e XVII:35-42.

141. *A gênese*, I:29.

142. Kardec, *O evangelho segundo o espiritismo*, I:4.

143. João 16:12.

144. João 5:45-47.

145. *A gênese*, I:10.

146. João 13:34-35. Destaques nossos.

147. João 15:12-14. Destaques nossos.

148. João 15:17.

149. Rohden, *O Sermão da Montanha*. "Foi dito aos antigos — Eu, porém, vos digo", p. 166.

150. Mateus 5:17.

151. João 8:1-11. Observação: A lei romana não permitia que tal pena fosse aplicada; mas o fato é que nem sempre a lei de Roma, assim como a de Israel, haveria de ter todos os seus estatutos respeitados... A situação em que Jesus se encontrava, de qualquer forma, era, sem dúvida, das mais difíceis.

152. Levítico 20:10. Deteronômio 22:22.

153. Mateus 5:21-22, 27-28, 33-34, 38-39, 43-44. Colchetes nossos.

154. *O céu e o inferno*. 1ª Parte, XI:6. Colchetes nossos.

155. *A gênese*, I:22.

156. Cf. Deuteronômio 10:16-18.

157. Kardec, *O evangelho segundo o espiritismo*, XXIV:16.

158. *A gênese*, I:55.

159. *Obras póstumas*. Segunda parte, Constituição do espiritismo — Exposição de motivos, II — Dos cismas.

160. Cf. Pires, *Ciência espírita e suas implicações terapêuticas*. Cap. V, pp. 71-72.

161. *Mediunidade. Conceituação da mediunidade e análise geral dos seus problemas atuais*. Questões iniciais, p. 10. Destaques nossos.

Glossário

Alma — Ser independente da matéria, que sobrevive à morte e preexiste ao corpo; quando encarnado, o espírito do homem.

Anjos — Em sentido genérico, espíritos; normalmente, bons espíritos. Em sentido restrito, puros espíritos, isto é, "as almas dos homens chegados ao grau de perfeição que a criatura comporta". (Cf. Kardec, *O céu e o inferno*. 1ª parte, VIII:13.)

Animismo — Fenomenologia psíquica cuja causa está na própria alma do indivíduo, não na intervenção de espírito(s) desencarnado(s); modo(s) de manifestação da alma no estado de encarnação.

Carma — Em espiritismo, as execuções da lei de causa e efeito; individual ou coletivo, os merecimentos determinados por ações praticadas na existência presente e, sobretudo, nas existências anteriores.

Codificação — Conjunto das ações metódicas do professor Hippolyte Léon Denizard Rivail (Allan Kardec) para dar um corpo doutrinário aos ensinos dos espíritos; as cinco obras fundamentais do espiritismo: *O livro dos espíritos* (1857), *O livro dos médiuns* (1861), *O evangelho se-*

gundo o espiritismo (1864), *O céu e o inferno* (1865) e *A gênese, os milagres e as predições segundo o espiritismo* (1868).

Corpo fluídico — Veja-se: Perispírito.

Cromossomos — Localizados no núcleo de cada célula, os portadores das informações genéticas; contêm os genes; são moléculas lineares constituídas por fibras compostas de DNA, RNA e proteína.

Demônios — Na Antiguidade clássica, gênios inspiradores; as almas humanas; os espíritos, bons ou maus. Nas crenças judaico-cristãs, seres não-humanos, exclusivamente malfazejos. Em espiritismo, simplesmente espíritos de homens maus, que podem arrepender-se e tornar-se bons.

Dialética — Em filosofia, método que investiga a natureza da verdade mediante a análise crítica de conceitos e hipóteses; desenvolvimento de processos gerados por oposições que provisoriamente se resolvem em unidades; para Hegel [1770-1831], a natureza verdadeira e única da razão e do ser que são identificados um ao outro e se definem segundo o processo racional que procede pela união incessante de contrários — *tese* e *antítese* — numa categoria superior, a *síntese*.

Dicotomia — Método de classificação em que cada uma das divisões e subdivisões não contém mais de dois termos.

Dualismo — Em filosofia, teoria segundo a qual o universo só se explica como um todo formado por dois elementos distintos e irredutíveis; para Platão [428-347 a.C.], a dicotomia entre idéia e matéria; para Descartes [1596-1650], a existência de duas substâncias fundamentais: inteligência e matéria.

Epistemologia — Ramo da filosofia que trata dos problemas que envolvem a teoria do conhecimento; ocupa-se da definição do saber e dos conceitos correlatos, das fontes, dos critérios, dos tipos de conhecimento possível e do grau de exatidão de cada um, bem como da relação real entre aquele que conhece e o objeto conhecido.

Erraticidade — Período entre vidas do espírito que ainda não atingiu a perfeição; estado de liberdade antes de uma reencarnação mediante a qual esse espírito necessita evoluir. — Não são errantes os espíritos puros; estes atingiram seu estado definitivo; são mensageiros diretos de Deus; quando se reencarnam, cumprem missão extraordinária. Tal foi o caso de Jesus Cristo. (Cf. KARDEC, *O livro dos espíritos*, 226 e 562; *A gênese*, XV:2.)

Espiritismo — Doutrina codificada por Allan Kardec; doutrina espírita, ou dos espíritos.

Espírita, espiritista — Que se refere ao espiritismo; adepto do espiritismo.

Espíritos — Sempre as almas dos homens, sobretudo no estado de preexistência e sobrevivência ao corpo; os seres inteligentes da criação, que podem estar providos de um organismo carnal (reencarnados) ou dele privados (desencarnados).

Espiritualismo — Generalidade das crenças imortalistas, isto é, que se firmam na sobrevivência da alma à morte do corpo.

Espiritualista — Que se refere ao espiritualismo; adepto do espiritualismo; aquele que acredita que nem tudo no homem é matéria. — Todo espírita é espiritualista, mas nem todo espiritualista é espírita. O materialista não é uma nem outra coisa.

Fariseus — Seita ou escola de pensamento judeu do século II a.C. Basearam sua identidade em resistir às influências estrangeiras que ameaçavam a sagrada religião de seus pais. Desejavam que o Estado fosse regido pela lei divina. Sua doutrina se baseava no judaísmo ético e espiritual que permitiu à religião sobreviver à destruição do Templo de Jerusalém (70 d.C.) e, mais tarde, se transformou na forma dominante do judaísmo.

Fenômenos anímicos — Em sentido geral, os fenômenos relativos à alma do indivíduo, inclusive os mediúnicos, dos quais ela não é a causa, mas nos quais exerce sempre uma função mediadora. Em sentido restrito, os fenômenos que não têm sua causa na intervenção de espírito(s) desencarnado(s), mas exclusivamente na própria alma do indivíduo. — Todo fenômeno mediúnico é anímico, supõe necessariamente uma função, ainda que mediadora, para a alma do indivíduo. Nem todo fenômeno anímico é mediúnico, porque não supõe necessariamente a intervenção de espírito(s) desencarnado(s), a alma do próprio indivíduo pode ser a causa única dos fatos.

Fenômenos espíritas — Fenomenologia psíquica que consiste "nos diferentes modos de manifestação da alma ou espírito, quer durante a encarnação, quer no estado de erraticidade. É pelas manifestações que produz que a alma revela sua existência, sua sobrevivência e sua individualidade; julga-se dela pelos seus efeitos; sendo natural a causa, o efeito também o é. São esses efeitos que constituem objeto especial das pesquisas e do estudo do espiritismo, a fim de chegar-se a um conhecimento tão completo quanto possível, assim da natureza e dos atributos da alma, como das leis que regem o princípio espiritual".

(Kardec, *A gênese*, XIII:9.) "A denominação de fenômeno psíquico exprime com mais exatidão o pensamento do que a de fenômeno espiritual, dado que esses fenômenos repousam sobre as propriedades e os atributos da alma, ou, melhor, dos fluidos perispiríticos, inseparáveis da alma. Esta qualificação os liga mais intimamente à ordem dos fatos naturais regidos por leis; pode-se, pois, admiti-los como efeitos psíquicos, sem os admitir a título de milagres." (Kardec, *A gênese*, XIV:2.)

Fenômenos mediúnicos — Modos de manifestação do espírito no estado de erraticidade; fenomenologia psíquica cuja causa se encontra necessariamente na intervenção direta de espírito(s) desencarnado(s), não na própria alma do indivíduo.

Fenômenos paranormais — Veja-se: Parapsicologia.

Filogênese, filogenia — Evolução das espécies; história do processo de surgimento de espécies novas a partir de espécies preexistentes. Segundo Haeckel [1834-1919], filósofo e biólogo alemão que popularizou o darwinismo, cada animal percorre, desde a fase de embrião, as etapas evolutivas que o levaram a ocupar seu espaço na ordem da natureza. No seu dizer, "a ontogenia recapitula a filogenia". Ontogenia: desenvolvimento embrionário; filogenia: desenvolvimento evolutivo. Para o espiritismo, os seres recapitulam, na fase embrionária, as etapas anteriores da evolução, dada a presença determinante e cumulativa de um fator extrafísico que passou por todas elas: o princípio inteligente, ou espírito. A filogênese biológica é apenas uma visualização da superfície de um processo de incomensurável profundidade: a ontogênese espiritual. Veja-se: Ontogênese, ontogenia.

Física quântica — Ramo da física que estuda os mecanismos energéticos do átomo.

Fluidos — Hoje se diz dos líquidos ou gases; na Codificação, o fluido ou energia cósmica universal em formas ou estados de menor condensação: o radiante, por exemplo; "matéria sutil", mais próxima da "elementar". Kardec esclareceu, porém, sua posição dualista: "Não é rigorosamente exata a qualificação de *fluidos espirituais*, pois que, em definitiva, eles são sempre matéria [energia cósmica] mais ou menos quintessenciada [condensada]. De realmente espiritual, só a alma ou princípio inteligente. Dá-se-lhes essa denominação por comparação apenas e, sobretudo, pela afinidade que eles guardam com os espíritos. Pode dizer-se que são a matéria do mundo espiritual, razão por que são chamados *fluidos espirituais*." (*A gênese*, XIV:5. Colchetes nossos.)

Gene, genético — Palavra utilizada primeiramente pelo botânico dinamarquês Wilhelm L. Johannsen [1857-1927]; do alemão *gen*, proveniente do grego *génos*; situada no cromossomo, a unidade hereditária que determina as características de um indivíduo; a unidade funcional do ácido desoxirribonucleico (DNA); cístron.

Holismo, holístico — Concepção que preconiza serem as totalidades organizadas uma síntese das unidades que as compõem. Visão do homem como um todo indivisível, impossível de ser explicado se considerados separadamente os seus componentes, quer físicos, quer psicológicos.

Imanência — Noção do campo da filosofia e teologia segundo a qual uma força inteligente e criadora — ou o ser que governa o universo — impregna o mundo natural; dimensão do ser criador inserida no processo do mundo. Veja-se: Transcendência.

Magnetizador — Segundo a antiga escola magnética européia, da qual Allan Kardec fazia parte, aquele que buscava promover curas mediante tratamentos mais ou menos prolongados com o que se chamava fluido magnético humano, magnetismo animal, ou fluido elétrico animalizado; hoje se diz a bioenergia, ou algo semelhante; o método utilizado eram os passes magnéticos. — Revelando o grande interesse dos espíritos por esse tipo de procedimento terapêutico, o espiritismo pôs a descoberto o conteúdo mediúnico da ação magnética humana, sem embargo da contribuição pessoal dos magnetizadores. Assim, o espiritismo fez destes, praticamente, uma variedade de médiuns curadores. (Cf. KARDEC, *O livro dos médiuns*, 175 e 176.) Mediante as obras psicografadas por Francisco Cândido Xavier, o espírito André Luiz vulgarizou no movimento espírita a expressão "médium passista".

Materialismo — Na filosofia, doutrina segundo a qual toda existência se reduz à matéria ou a um atributo ou efeito da materialidade. A consciência se explica por mudanças físico-químicas no sistema nervoso. Opõe-se ao idealismo.

Materialismo mecanicista — Doutrina que explica os fenômenos da natureza reduzindo-os a processos mecânicos, a processos que se explicam pelas leis do movimento dos corpos no espaço e por mudanças puramente quantitativas.

Materialização — Fenômeno mediúnico no qual o espírito desencarnado condensa o seu corpo fluídico, ou parte dele, revestindo-o com o fluido próprio que emana do médium de efeitos físicos. — No dizer de Kardec: "aparição tangível". — Na parapsicologia, esse fluido é o *ectoplasma*: para a biologia, a parte periférica do citoplasma celular, espécie de capa externa, mais consistente do que o endoplasma, e que não contém grânulos.

Mecanicismo — Em filosofia, termo que designa qualquer conceito segundo o qual o universo é mecanicamente explicável; nesse sentido, é equivalente ao materialismo; doutrina que admite que determinado conjunto de fenômenos, ou mesmo toda a natureza, se reduz a um sistema de determinações mecânicas; afirma-se esta doutrina sobretudo por conceber o movimento como determinado por lei causal rigorosa e por negar todo o tipo de finalismo ou de qualidade oculta para a determinação dos fenômenos naturais.

Médium — (Do latim, *medium*, meio, intermediário.) — Pessoa que pode servir de intermediária entre os espíritos encarnados e os espíritos desencarnados.

Mediunidade, medianimidade — Faculdade dos médiuns. Mediunidade tem sentido mais geral e medianimidade, sentido mais restrito. — Ele possui mediunidade. — A medianimidade psicográfica. — Em espiritismo, nunca objeto de culto ou ritual, antes de estudos ensejando instruções intelecto-morais.

Mediunismo — Exercício da mediunidade sem as disciplinas técnica e ética do espiritismo; mediunidade como objeto de cultos e rituais.

Metafísica — Ramo da filosofia que trata da natureza da realidade última. Para Aristóteles [384-322 a.C.], estudo do ser como ser e especulação em torno dos primeiros princípios e das causas primeiras do ser; parte da filosofia que com ela muitas vezes se confunde; um corpo de conhecimentos racionais em que se procura determinar as regras fundamentais do pensamento e que nos dá a chave do conhecimento do real, tal como este verdadeiramente é.

Metempsicose — Doutrina segundo a qual uma mesma alma pode animar sucessivamente corpos diversos, homens, animais ou vegetais.

Mesmerismo, magnetismo — Estudos do Dr. Franz Anton Mesmer [1733-1815], da Universidade de Viena, preconizando ser possível a cura mediante a irradiação do fluido magnético humano; hoje, a bioenergia, ou algo semelhante. No início do século XIX, o marquês de Puységur, o naturalista Deleuze e o regente da Faculdade de Medicina de Paris, d'Eslon, modificaram os métodos de Mesmer, descobrindo, assim, o chamado sonambulismo provocado. Veja-se: Sonambulismo.

Miasmas — Emanações malcheirosas, relativas normalmente a processos bioquímicos de putrefação.

Ontogênese, ontogenia — Para a biologia, o período de desenvolvimento do indivíduo desde a fecundação até a maturidade procriativa. Em espiritismo, o desenvolvimento do princípio inteligente desde o "átomo primitivo" até o estado de espírito puro, quando, finalmente, se apresenta em plenas condições de suportar a parte que lhe cabe na obra da criação, recebendo diretamente as ordens de Deus, transmitindo-as ao universo inteiro e velando por seu cumprimento (Cf. Kardec, *O livro* *dos espíritos*, 132, 226, 540 e 562); provavelmente, trata-se do nível em que "a consciência se revela um campo de energia relativista capaz de influenciar no tecido subjacente do universo"; para além desse nível, só a "vacuidade", a "fonte", o "uno" (Cf. DROUOT, *Cura espiritual e imortalidade*. Cap. X, pp. 263-64); talvez por essa razão Jesus tenha afirmado ser "uno" com o Pai. (João 10: 30.) Veja-se: Filogênese, filogenia.

Oráculo — Respostas de um deus à consulta feita pelos homens; aquele que transmite essas respostas.

Pneumatografia — (Do grego, *pneuma*, ar, sopro, vento, espírito, e *graphô*, escrevo.) — Escrita direta dos espíritos, sem o auxílio da mão de um médium.

Parapsicologia — Estudo dos fenômenos paranormais, ou seja, aqueles não explicáveis mediante teorias físicas, biológicas e psicológicas; ciência que estuda experimentalmente os fenômenos ditos ocultos (comunicação com o espírito dos mortos, dissociação da personalidade, comunicação telepática, etc.)

Perispírito — (Do grego, *peri*, em torno.) — Envoltório semimaterial dos espíritos; nos encarnados, serve de intermediário entre o espírito e a matéria; nos espíritos errantes, constitui o corpo fluídico.

Princípio inteligente — Na concepção dualista do espiritismo, opõe-se ao princípio material, representando aquilo de que são formados os espíritos; um dos elementos gerais da criação, que se elabora e individualiza progressivamente, em esquemas de múltiplas e integradas dimensões, mediante sua relação com o outro elemento geral do universo: a matéria.

Psicofonia — Comunicação dos espíritos pela voz de um médium falante.

Psicografia — Direta: escrita dos espíritos pela mão de um médium; indireta: quando este não retém o lápis ou caneta em uma das mãos, mas tem-nas impostas sobre um objeto ou engenho qualquer.

Psicossomático — Aquilo que pertence, ao mesmo tempo, ao domínio orgânico e ao domínio psíquico; — perturbações ou lesões psicossomáticas, isto é, produzidas no organismo por influências psíquicas.

Quarks — Constituintes básicos das partículas elementares (subatômicas) chamadas hádrons, como os prótons, os nêutrons ou os píons. Existem seis tipos: *up, down, strange, charm, bottom* e *top*. Cada um deles tem seu correspondente antiquark. O portador hipotético da força entre *quarks* se denomina glúon.

Reducionismo — Análise ou descrição de um fenômeno supondo que alguns elementos ou conceitos que se mostram complexos não devem ser compreendidos ou explicados em si mesmos.

Reencarnação — Volta do espírito à vida corpórea, pluralidade das existências.

Reencarnante — Espírito que, uma vez ligado o seu perispírito a um óvulo fecundado, está em processo de retorno à vida física.

Samaritanos — Segundo Kardec: "Após o cisma das dez tribos, Samaria se constituiu a capital do reino dissidente de Israel. Destruída e reconstruída várias vezes, tomou-se, sob os romanos, a cabeça da

Samaria, uma das quatro divisões da Palestina. Os samaritanos estiveram quase constantemente em guerra com os reis de Judá. Aversão profunda, datando da época da separação, perpetuou-se entre os dois povos, que evitavam todas as relações recíprocas. Aqueles, para tornarem maior a cisão e não terem de vir a Jerusalém pela celebração das festas religiosas, construíram para si um templo particular e adotaram algumas reformas. Somente admitiam o Pentateuco, que continha a lei de Moisés, e rejeitavam todos os outros livros que a esse foram posteriormente anexados. Seus livros sagrados eram escritos em caracteres hebraicos da mais alta antiguidade. Para os judeus ortodoxos, eles eram heréticos e, portanto, desprezados, anatematizados e perseguidos. O antagonismo das duas nações tinha, pois, por fundamento único a divergência das opiniões religiosas; se bem fosse a mesma a origem das crenças de uma e outra. Eram os protestantes desse tempo". (*O evangelho segundo o espiritismo*. Introdução, III.)

Sematologia — (Do grego, *sema*, sinal, e *logos*, discurso.) — Linguagem dos sinais. Comunicação dos espíritos pelo movimento dos corpos inertes.

Sonambulismo — No século XVIII e na primeira metade do século XIX, o conjunto dos fenômenos e estudos relativos aos hoje chamados estados incomuns de consciência, ou de expansão de consciência, quer espontâneos (sonambulismo natural), quer provocados (sonambulismo artificial). — Em 1842, o médico-cirurgião escocês James Braid [1795-1860] deu-lhe o nome de hipnotismo, hipnose.

Tiptologia — (Do grego, *tipto*, eu bato, e *logos*, discurso.) — Linguagem por pancadas, ou batimentos: modo de comunicação dos espíritos. Tiptologia alfabética.

Transcendência — Conjunto de atributos do Criador que lhe ressaltam a superioridade em relação à criatura; dimensão do ser criador autônoma do mundo. Veja-se: Imanência.

Sites Espíritas

SERGIO FERNANDES ALEIXO
www.sergioaleixo.hpg.ig.com.br

PUBLICAÇÕES LACHÂTRE
www.lachatre.com.br

ORGANIZAÇÕES CANDEIA
www.candeianet.com.br

INSTITUTO DE CULTURA ESPÍRITA DO BRASIL
www.iceb.org.br

ASSOCIAÇÃO DE DIVULGADORES DO ESPIRITISMO DO RIO DE JANEIRO
www.ade-rj.org.br

GRUPO ESPÍRITA REDENÇÃO
www.redencao.org.br

CENTRO ESPÍRITA LÉON DENIS
www.celd.org.br

CANAL DE IRC ESPIRITISMO
www.irc-espiritismo.org.br

CENTRO VIRTUAL DE DIVULGAÇÃO
E ESTUDO DO ESPIRITISMO
www.cvdee.org.br

FEDERAÇÃO ESPÍRITA BRASILEIRA
www.febnet.org.br

FEDERAÇÃO ESPÍRITA DO PARANÁ
www.fespiritaparana.com.br

UNIÃO DAS SOCIEDADES ESPÍRITAS DO ESTADO DO
RIO DE JANEIRO
www.useerj.org.br

CENTRO ESPÍRITA CAMINHO DA REDENÇÃO
www.mansãodocaminho.com.br

INSTITUTO DE DIFUSÃO ESPÍRITA
www. ide.org.br

Bibliografia

Aksakof, Alexandre (Alexander). *Animismo e espiritismo.* Rio de Janeiro, FEB, 3ª ed., 1978. Vols. 1 e 2.

Aleixo, Sergio Fernandes. *Reencarnação: lei da Bíblia, lei do Evangelho, lei de Deus.* Niterói (RJ), Lachâtre, 2ª ed., 1999.

——. *Com quem falaram os profetas? Fundamentos bíblicos da fenomenologia espírita.* Niterói (RJ), Lachâtre, 2000.

——. *O espírito das revelações. Fundamentos da relação entre o espiritismo e o cristianismo do Cristo.* Niterói (RJ), Lachâtre, 2001.

——. *Meu novo nome. A identidade profética da doutrina espírita.* Rio de Janeiro, CELD, 2003.

——. *O mais profundo religar. Fundamentos históricos e conceituais do espiritismo.* Bragança Paulista (SP), Lachâtre, 2003.

Amorim, Deolindo. *Doutrina espírita.* Salvador (BA), Círculo Espírita da Oração, 1993.

——. *O espiritismo e as doutrinas espiritualistas.* Rio de Janeiro, CELD, 6ª ed., 1996.

André Luiz (espírito). *Missionários da luz.* Psicografia de Francisco Cândido Xavier. Rio de Janeiro, FEB, 21ª ed., 1988.

——. *No mundo maior.* Psicografia de Francisco Cândido Xavier. Rio de Janeiro, 7ª ed., FEB, 1977.

——. *Os mensageiros.* Psicografia de Francisco Cândido Xavier. Rio de Janeiro, 16ª ed., FEB, 1983.

Audi, Edson. *Vida e obra de Allan Kardec.* Niterói (RJ), Lachâtre, 1999.

Bozzano, Ernesto. *Povos primitivos e manifestações supranormais.* São Paulo, FE Editora Jornalística Ltda., 1997.

Charlesworth, James H. *Jesus dentro do judaísmo.* Rio de Janeiro, Imago, 3ª ed., 1992.

Coulanges, Fustel de (Numa Denis). *A cidade antiga. Estudos sobre o culto, o direito, as instituições da Grécia e de Roma.* São Paulo, Hemus, 12ª ed., 1996.

Crookes, William. *Fatos espíritas.* Rio de Janeiro, FEB, 7ª ed., 1983.

Delanne, Gabriel. *O fenômeno espírita.* Rio de Janeiro, FEB, 4ª ed., 1988.

——. *A alma é imortal.* Rio de Janeiro, FEB, 4ª ed., revista, 1978.

——. *A reencarnação.* Rio de Janeiro, FEB, 6ª ed., 1987.

Denis, Léon. *Depois da morte.* Rio de Janeiro, FEB, 16ª ed., 1990.

——. *No invisível.* Rio de Janeiro, FEB, 12ª ed., 1987.

——. *O além e a sobrevivência do ser.* Rio de Janeiro, FEB, 4ª ed., 1981.

——. *O problema do ser, do destino e da dor.* Rio de Janeiro, FEB, 15ª ed., 1989.

——. *O porquê da vida.* Rio de Janeiro, FEB, 16ª ed., 1991.

——. *Cristianismo e Espiritismo.* Rio de Janeiro, FEB, 7ª ed., 1978.

DROUOT, Patrick. *Nós somos todos imortais.* Rio de Janeiro, Record/Nova Era, 5ª ed., 1997.

——. *Reencarnação e imortalidade. Das vidas passadas às vidas futuras.* Rio de Janeiro, Record/Nova Era, 6ª ed., 1996.

——. *Cura espiritual e imortalidade.* Rio de Janeiro, Record/Nova Era, 4ª ed., 1998.

——. *Memórias de um viajante do tempo.* Rio de Janeiro, Record/Nova Era, 1997.

EMMANUEL (espírito). *Paulo e Estêvão.* Psicografia de Francisco Cândido Xavier. Rio de Janeiro, FEB, 25ª ed., 1989.

GIBIER, Paul; AKSAKOF, Alexander. *Materializações de espíritos.* Rio de Janeiro, Eco, 2ª ed., 1976.

GROF, Stanislav; Christina (Orgs.) *Emergência espiritual. Crise e transformação espiritual.* São Paulo, Cultrix, 12ª ed., 1997.

IMBASSAHY, Carlos. *A missão de Allan Kardec.* Curitiba, FEP, 2ª ed., 1988.

Incontri, Dora. *A educação da nova era*. São Paulo, Comenius, 1998.

——. *Pestalozzi: educação e ética*. São Paulo, Scipione, 1997.

——. *A educação segundo o espiritismo*. São Paulo, Comenius, 2000.

Jaime, Jorge. *História da filosofia no Brasil.* Petrópolis, São Paulo, Vozes e Faculdades Salesianas, 2000.

Kardec, Allan. *O livro dos espíritos*. Rio de Janeiro, FEB, 71ª ed., 1991.

——. *O que é o espiritismo*. Rio de Janeiro, FEB, 35ª ed., 1991.

——. *O livro dos médiuns*. Rio de Janeiro, FEB, 56ª ed., 1988.

——. *O evangelho segundo o espiritismo*. Rio de Janeiro, FEB, 113ª ed., 1997.

——. *O céu e o inferno*. Rio de Janeiro, FEB, 41ª ed., 1997.

——. *A gênese*. Rio de Janeiro, FEB, 36ª ed., 1995.

——. *Obras póstumas*. Rio de Janeiro, FEB, 23ª ed., 1989.

——. *Revista espírita*. IDE, São Paulo, 1993/2000.

——. *A codificação. Os livros básicos da doutrina espírita.* (CD para computador). FEB; A Palavra Digital.

Kuhn, Thomas. *Estrutura das revoluções científicas*. São Paulo, Perspectiva, 2000.

Lombroso, César. *Hipnotismo e mediunidade*. Rio de Janeiro, FEB, 2ª ed., 1975.

Millecco Filho, Luiz Antônio; Nunes Filho, Américo D.; Accorci, Walter Radamés. *Cartas a um sacerdote*. Capivari (SP), EME, 2ª ed., 1995.

MIRANDA, Hermínio C. *Cristianismo, a mensagem esquecida.* Matão (SP), O Clarim, 1988.

——. *A reencarnação na Bíblia.* São Paulo, Pensamento, 1989.

——. *O que é fenômeno mediúnico.* São Bernardo do Campo (SP), Correio Fraterno do ABC, 1990.

——. *Diálogo com as sombras. Teoria e prática da doutrinação.* Rio de Janeiro, FEB, 6ª ed., 1991.

PERANDRÉA, Carlos Augusto. *A psicografia à luz da grafoscopia.* São Paulo, FE Editora Jornalística Ltda., março/1991.

PIRES, J. Herculano. *O ser e a serenidade.* São Paulo, Edicel, 2ª ed., 1986.

——. *Revisão do cristianismo.* São Paulo, Paidéia, 3ª ed., 1990.

——. *O centro espírita.* São Paulo, LAKE, 1990.

——. *Pedagogia espírita.* Juiz de Fora (MG), Editora J. Herculano Pires (Comunidade Espírita "A Casa do Caminho"), 1990.

——. *Concepção existencial de Deus.* São Paulo, Paidéia, 2ª ed., 1992.

——. *Introdução à filosofia espírita.* São Paulo, FEESP, 2ª ed., 1993.

——. *Agonia das religiões.* São Paulo, Paidéia, 4ª ed., 1994.

——. *Ciência espírita e suas implicações terapêuticas.* São Paulo, USE, 5ª ed., 1995.

——. *O espírito e o tempo. Introdução antropológica ao espiritismo.* Sobradinho (DF), Edicel, 7ª ed., 1995.

——. *Mediunidade. Conceituação da mediunidade e análise geral dos seus problemas atuais.* São Paulo, Paidéia, 3ª ed., 1995.

——. *Curso dinâmico de espiritismo. O grande desconhecido.* Juiz de Fora (MG), Editora J. Herculano Pires (Comunidade Espírita "A Casa do Caminho"), 3ª ed., 1995.

RODHEN, Huberto. *O Sermão da Montanha.* São Paulo, Alvorada, 11ª ed., 1990.

SANTOS, Jorge Andréa dos. *Palingênese, a grande lei. Reencarnação.* Rio de Janeiro, Soc. Ed. Espiritualista F. V. Lorenz, 4ª ed., 1990.

——. *Energética do psiquismo. Fronteiras da alma.* Rio de Janeiro, Soc. Ed. Espiritualista F. V. Lorenz, 3ª ed., 1990.

——. *Forças sexuais da alma.* Rio de Janeiro, FEB, 5ª ed., 1991.

——. *Enfoques científicos na doutrina espírita.* Rio de Janeiro, Soc. Ed. Espiritualista F. V. Lorenz, 2ª ed., 1991.

——. *Visão espírita nas distonias mentais.* Rio de Janeiro, FEB, 3ª ed., 1992.

——. *Segredos do espírito. Zona do Inconsciente.* Sobradinho (DF), EDICEL, 2ª ed., 2001.

SCHUTEL, Cairbar. *Interpretação sintética do Apocalipse,* Matão (SP), O Clarim, 4ª ed., 1985.

SIMON, Marcel; BENOIT, André. *Judaísmo e cristianismo antigo. De Antíoco Epifânio a Constantino.* São Paulo, Pioneira-EDUSP, 1987.

WANTUIL, Zêus; THIESEN, Francisco. *Allan Kardec. Meticulosa pesquisa biobibliográfica*. Vols. I, II e III. Rio de Janeiro, FEB, 2ª ed., 1982.

WEISS, Brain L. *A cura através da terapia de vidas passadas*. Rio de Janeiro, Salamandra, 2ª ed., 1996.

ZÖLLNER, J. K. Friedrich. *Provas científicas da sobrevivência. Experiências sobre a quarta dimensão provando a sobrevivência do espírito*. São Paulo, EDICEL, s/ed., 1973.

O AUTOR

Carioca, servidor público, SERGIO FERNANDES ALEIXO é graduado e licenciado em Língua e Literaturas de Língua Portuguesa pelas Faculdades de Letras e de Educação da Universidade Federal do Rio de Janeiro. De família lusa, foi católico até os 18 anos (1988), quando leu, de Allan Kardec, *O livro dos médiuns*. Abraçando a causa do espiritismo, tornou-se palestrante, escritor e, fundamentalmente, um pesquisador espírita. Pela Editora Lachâtre, publicou: *Reencarnação* (1999), *Com quem falaram os profetas* (2000), *O espírito das revelações* (2001) e *O mais profundo religar* (2003). Pelo Centro Espírita Léon Denis — CELD, publicou *Meu novo nome* (2003).

Contatos: sergioaleixo@ig.com.br.
sergioaleixo@ieg.com.br.
www.sergioaleixo.hpg.ig.com.br

Este livro foi composto na tipologia Minion,
em corpo 11/15, e impresso em papel Chamois
Fine 80g/m² no Sistema Cameron da Divisão
Gráfica da Distribuidora Record.